지혜의 샘

이재록 목사의 잠언 칼럼 모음

지혜의 샘

Fountain of Wisdom

보석처럼 빛나는 지혜의 말씀

"지혜가 제일이니 지혜를 얻으라"

(잠언 4:7)

Prologue

아름다운 보석처럼 빛나는 지혜의 샘

땅콩박사로 유명한 조지 워싱턴 카버는 어릴 때부터 하나님께 지혜를 구하였습니다. 당시 미국 남부에서는 백여 년이 넘도록 목화를 재배하다 보니 땅이 황폐해진 데에다 해충이 심해 목화밭이 폐허가 되었습니다. 이에 조지 카버는 사람들에게 땅콩을 심도록 권했습니다. 땅콩은 땅을 기름지게 하여 작물의 생산성을 높여 주기 때문입니다.

그후 조지 카버는 하나님께서 주신 지혜로 땅콩으로 만들 수 있는 삼백여 가지 제품을 개발했습니다. 그가 강연하던 어느 날 사람들이 물었습니다.

"어떻게 그 놀라운 발명과 발견을 하였습니까?"

"성경 속에서 아이디어를 얻었습니다. 성경에는 하나님 아버지가 계시고 예수 그리스도가 계십니다. 하나님께 기도하니 발명과 발견을 할 수 있는 지혜를 주셨습니다."

시편 147편 5절에 "우리 주는 광대하시며 능력이 많으시며 그 지혜가 무궁하시도다" 말씀한 대로 하나님의 지혜는 무한합니다. 우리가 이러한 지혜를 얻는다면 얼마나 놀라운 일을 이룰 수 있겠습니까. 하나님을 기쁘시게 하여 전무후무한 지혜와 놀라운 축복을 받은 사람으로 '여디디야'(여호와의 사랑을 입은 자)라는 애칭을 받은 솔로몬이 있습니다.

그는 아버지 다윗의 뒤를 이어 왕위에 오른 후 하나님께 정성껏 일천번제를 드렸습니다. 이를 기뻐하신 하나님께서는 그의 꿈에 나타나 "내가 네게 무엇을 줄꼬 너는 구하라"며 소원을 물으셨지요. 왕으로서 가장 필요한 것이 백성을 다스릴 지혜라고 생각했던 솔로몬은 백성을 위한 지혜와 지식을 구하였습니다. 그의 주변에는 지혜로운 스승이 많았지만 그들에게 구하지 않고 지혜의 근본이신 하나님께 구한 것입니다. 그러자 하나님은 지혜는 물론 그가 구하지 않은 부와 재물과 존영까지 주셨습니다.

이처럼 하나님의 지혜를 받은 솔로몬이 자신의 경험을 토대로 사람들에게 꼭 필요한 훈계를 기록한 것이 바로 '잠언'입니다. "솔로몬의 잠언이라 이는 지혜와 훈계를 알게 하며 명철의 말씀을 깨닫게 하며 지혜롭게, 의롭게, 공평하게, 정직하게 행할 일에 대하여 훈계를 받게 하며 어리석은 자로 슬기롭게 하며 젊은 자에게 지식과 근신함을 주기 위한 것이니 지혜 있는 자는 듣고 학식이 더할 것이요 명철한 자는 모략을 얻을 것이라 잠언과 비유와 지혜 있는 자의 말과 그 오묘한 말을 깨달으리라"(잠 1:1~6)

『지혜의 샘』은 잠언 칼럼 모음으로서 일곱 개의 주제로 총 52편이 실려 있어 매주 말씀을 묵상하며 큐티(Q·T) 자료로 활용할 수 있습니다. 지혜와 명철을 얻는 법, 때에 맞는 말과 행동, 위기에 슬기롭게 대처하는 법 등 인생 전반에 걸쳐 꼭 필요한 하나님의 지혜가 가득합니다. 아무쪼록 이 책을 통해 하나님의 지혜를 받아 응답과 축복, 장수와 부귀와 평강의 주인공이 되시기를 주님의 이름으로 축원합니다.

2010년 12월, 겟세마네 기도처에서

이재록 목사

보석처럼 빛나는 지혜의 말씀_지혜의 샘

Contents

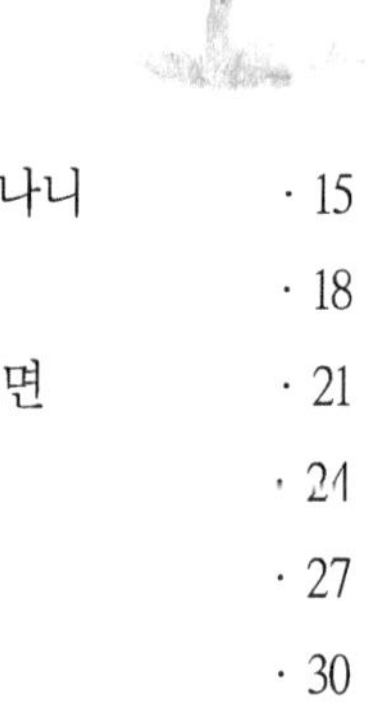

part 1
지혜의 샘

지혜 있는 자는 복이 있나니 · 15

사막의 샘물 같은 사람 · 18

임금의 마음을 움직이려면 · 21

겸비함의 지혜 · 24

순종의 지혜 · 27

말하고 듣는 지혜 · 30

다툼을 피하는 선의 지혜 · 33

금보다 귀한 지혜 · 36

part 2

명철을 얻는 길

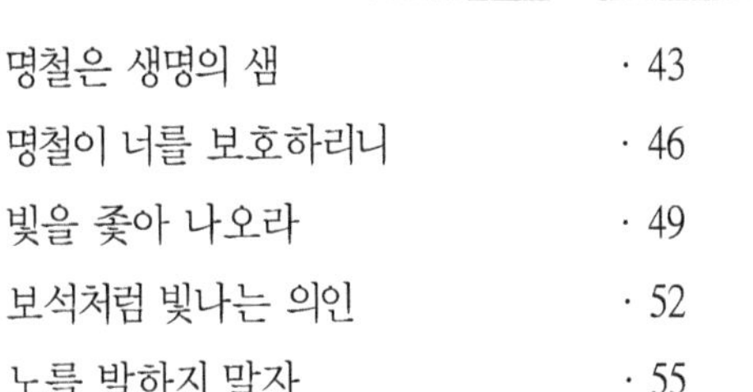

명철은 생명의 샘 · 43

명철이 너를 보호하리니 · 46

빛을 좇아 나오라 · 49

보석처럼 빛나는 의인 · 52

노를 발하지 말자 · 55

틀을 깨뜨리자 · 58

주의 깊은 사람이 되자 · 61

part 3

슬기로운 사람이 되려면

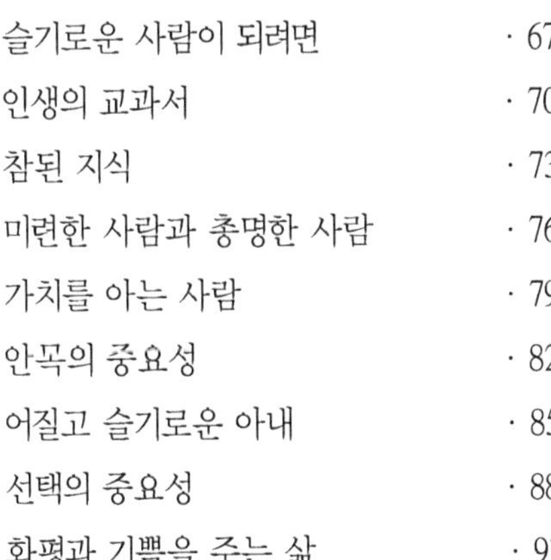

슬기로운 사람이 되려면 · 67

인생의 교과서 · 70

참된 지식 · 73

미련한 사람과 총명한 사람 · 76

가치를 아는 사람 · 79

안목의 중요성 · 82

어질고 슬기로운 아내 · 85

선택의 중요성 · 88

화평과 기쁨을 주는 삶 · 91

part 4

때에 맞는 말과 행동

때에 맞는 말과 행동 · 97

경솔한 판단은 어리석음의 첩경 · 100

충신을 얻으려면 · 103

감동을 주는 말 · 106

마음을 지키려면 · 109

긍정적인 고백의 중요성 · 112

행함의 중요성 · 115

part 5

정직한 사람의 대로

정직하게 살자 · 121

정직한 사람의 대로 · 124

공명정대한 마음 · 127

근면, 성실, 인내 · 130

성실의 열매 · 133

그리 아니하실지라도 · 136

변함없는 마음 · 139

part 6

겸손은 존귀의 앞잡이

대인과 소인 · 145

마음의 문을 낮추자 · 148

나보다 남을 낫게 여기는 마음 · 151

겸손은 존귀의 앞잡이 · 154

존경받는 사람이 되려면 · 157

온유와 덕 · 160

온전한 섬김 · 163

part 7

최고의 선, 온전한 사랑

세 가지 유형의 마음 · 169

선의 마음, 의의 마음 · 172

긍휼과 자비가 낳은 기적 · 175

진실된 사람이 받는 축복 · 178

권면하는 사랑 · 181

모든 허물을 덮는 사랑 · 184

최고의 선, 온전한 사랑 · 187

Part 1

지혜의 샘

Fountain of Wisdom

지혜 있는 자는 복이 있나니 | 사막의 샘물 같은 사람
임금의 마음을 움직이려면 | 겸비함의 지혜
순종의 지혜 | 말하고 듣는 지혜
다툼을 피하는 선의 지혜 | 금보다 귀한 지혜

"선한 지혜에서 나오는 말과 행동은
다툼을 그치게 할 뿐 아니라
상대로 하여금
용서를 구하게 만듭니다."

Fountain of Wisdom

지혜 있는 자는 복이 있나니

중국 역사소설 '삼국지'에 나오는 내용입니다. 제갈공명이 남쪽 지방 정벌에 나서 남만의 왕인 맹획을 사로잡았습니다. 그런데 맹획은 제대로 싸워 보지도 못한 채 잡혔다며 항복하지 않습니다. 심지어 자신을 놓아 주면 정정당당하게 싸워 이기겠노라고 큰소리칩니다.

그 말을 들은 제갈공명은 순순히 놓아 주었습니다. 그것이 한 번으로 끝난 것이 아닙니다. 무려 여섯 번이나 계속되었지요. 그때마다 맹획은 이런저런 핑계를 대며 항복하지 않았고 제갈공명은 다시 놓아 주었습니다. 마지막 일곱 번째에는 맹획이 핑계를 대기도 전에 먼저 놓아 주고자 했습니다. 정벌하기 힘든 지역에 와서 어렵게 잡은 왕을 한 번도 아닌 일곱 번이나 놓아 준다는 것은 보통 사람으로서는 이해할 수 없는 일입니다.

제갈공명이 이같이 행한 것은 나름대로 깊은 뜻이 있었기 때문입니다. 맹획은 일곱 번이나 사로잡혔다가 풀려나기를 되풀이하면서 자신의 힘으로는 제갈공명을 이길 수 없다는 생각을 하게 됩니다. 게다가 자신을 대하는 제갈공명의 모습을 보면서 점점 그를 존경하게 되었지요. 결국 맹획은 마음 중심에서 제갈공명을 섬기고 따르는 사람으로 바뀌었습니다.

여기서 우리는 제갈공명의 뛰어난 지혜를 배울 수 있습니다. 중국은 워낙 넓고 큰 나라이기 때문에 군사를 이끌고 어느 한 지역을 정벌하다 보면 다른 지역으로부터 공격을 받는 경우가 많았습니다. 그러니 단순히 강한 군사력을 가졌다고 해서 중국 전체를 통일할 수 있는 것이 아니었습니다. 제갈공명은 이러한 사실을 잘 알고 있었기 때문에 다소 시간이 걸린다 해도 중심에서 우러나오는 항복을 받고자 했던 것입니다. 제갈공명이 이런 지혜를 발휘할 수 있었던 것은 바로 사랑과 인내라는 마음 그릇이 바탕이 되었기 때문입니다.

만약 악한 마음을 가진 사람이 맹획을 사로잡았다면 대부분 훗날을 생각지 않고 즉시 죽이거나 악한 의도로 활용하려 했을 것입니다. 선한 지혜가 없으니 당장 눈앞에 있는 적을 없애는 데에만 급급하여 더 큰 것을 잃고 마는 것이지요. 여기서 깨달아야 할 것은 바로 지혜의 바탕은 마음 됨됨이라는 사실입니다.

이스라엘의 솔로몬 왕이 인류 역사상 유례를 찾아보기 힘들 만큼 엄청난 부귀 영화를 누릴 수 있었던 것은 하나님께서 주신 지혜가 있었기 때문입니다. 솔로몬이 이런 지혜를 받은 것은 백성을 잘 다스리고자 하는 선하고 어진 마음 그릇을 갖춘 덕분입니다. 그러므로 우리도 악을 버리고 선한 마음을 이루어 하나님께서 주시는 지혜를 받아야 하겠습니다.

"지혜를 얻은 자와 명철을 얻은 자는 복이 있나니
이는 지혜를 얻는 것이 은을 얻는 것보다 낫고
그 이익이 정금보다 나음이니라"
(잠언 3장 13~14절)

사막의 샘물 같은 사람

어느 사막의 둥근 천막에 두 명의 보석상인이 들어섰습니다. 두 상인은 자신들이 가진 보석에 대해서 은근히 과시했습니다. 한 상인이 일부러 큰 진주 하나를 떨어뜨리자 다른 상인이 그것을 주워 들고 "내가 가진 것 중 작은 일부에 지나지 않네." 하고 말했습니다. 옆에서 대화를 듣고 있던 아랍 유목민이 웃으면서 말을 건넸습니다.

"나 역시 당신들처럼 보석에 관심이 많았죠. 어느 날 사막 한가운데서 모래 바람을 만나 며칠 동안 먹지 못하고 탈진상태에 빠진 적이 있습니다. 지친 몸을 이끌고 헤매던 중 큰 주머니를 발견했는데, 그 안에 음식이나 물이 들어 있으면 얼마나 좋을까 하는 마음으로 얼른 열어 보았습니다."

호기심과 긴장 어린 얼굴을 하고 있는 두 보석상인을 바라보면서 아랍 유목민은 말을 이었습니다. 그 주머니 안에는 평소 그가 매우 좋아하던 진주로 가득 차 있었다는 것입니다. 본인이 그렇게 좋아하던 진주 한 꾸러미를 발견했으니 얼마나 행복했겠습니까? 그러나 그는 "그때 절망했다."고 말했습니다. 그에게 당장 필요한 것은 진주가 아니라 굶주림과 갈증을 해소할 음식과 물이었기 때문입니다. 우리 속담에 "가려운 데를 긁어 준다"는 말이 있듯이 상대에게 꼭 필요한 것을 만족시켜 주기 위해서는 지혜가 있어야 합니다.

다윗이 사울 왕의 칼을 피해 광야에서 유랑할 때였습니다. 마온이라는 곳에 나발이라는 사람이 있었는데 그는 목축업을 하는 매우 부유한 사람이었습니다. 일전에 다윗은 나발의 목자들이 양을 지킬 때 도움을 준 적이 있었기에 나발에게 사람을 보내 음식을 청했습니다. 그러나 그는 모욕적인 말로써 거절하였습니다. 화가 난 다윗은 즉시 나발의 집을 치고자 하였습니다.

이 상황을 알게 된 나발의 아내 아비가일은 급히 음식을 준비합니다. 떡 이백 덩이와 포도주 두 가죽 부대와 잡아 준비한 양 다섯과 볶은 곡식 다섯 세아와 건포도 백 송이와 무화과 뭉치 이백을 나귀에 실었습니다. 왜 아비가일은 급히 각종 음식을 나귀에 실었을까요? 이것은 다윗 일행이 요구한 것으로 가장 필요한 물품이었습니다. 이것이 있으면 다윗의 화를 풀 수 있었기에 우선 이것을 준비해서 간 것입니다. 그러고는 다윗의 발 앞에 엎드려 나발 대신 사죄했습니다.

"청컨대 이 죄악을 나 곧 내게로 돌리시고 여종으로 주의 귀에 말하게 하시고 이 여종의 말을 들으소서 원하옵나니 내 주는 이 불량한 사람 나발을 개의치 마옵소서 그 이름이 그에게 적당하니 그 이름이 나발이라 그는 미련한 자니이다 여종은 내 주의 보내신 소년들을 보지 못하였나이다"(삼상 25:23~25)

이렇게 아비가일이 다윗 일행에게 꼭 필요한 것을 가져온 데다 지극히 겸손한 말로써 사죄하니 다윗은 마음이 풀렸습니다. 아비가일의 지혜로 집 전체가 몰살당할 위기를 모면했지요. 그러나 우매하고 악한 나발은 열흘 후 하나님께서 치시니 몸이 돌처럼 굳어 죽고 말았고 다윗은 아비가일을 아내로 삼았습니다. 지혜롭고 총명하였던 아비가일은 하나님의 사랑받는 다윗에게 필요한 것을 공궤함으로 왕비가 되는 복을 받은 것입니다.

"명철한 사람의 입의 말은 깊은 물과 같고
지혜의 샘은 솟쳐 흐르는 내와 같으니라"
(잠언 18장 4절)

임금의 마음을 움직이려면

중국 위나라 연공 때 미자하라는 신하가 있었습니다. 그는 용모가 뛰어나고 언변에 능하여 왕의 총애를 한몸에 받았지요. 그러다 보니 점점 교만해져 자기 마음대로 권력을 휘둘렀고 국가 정세는 혼란에 빠지고 말았습니다. 어느 날, 이를 염려하던 한 사람이 연공을 찾아와 말합니다.

"소인이 간밤에 꾼 꿈이 적중했습니다."

"그게 무슨 소리인가?"

"제가 어젯밤 꿈속에서 아궁이를 보았는데, 그것은 임금님을 뵐 징조였지요."

이 말에 연공은 얼굴을 붉히면서 "아니, 임금을 만나는 사람은 꿈에 태양을 본다던데 아궁이를 보고 임금을 뵐 징조라니 무슨 해괴한 말인가?" 하고 언성을 높였습니다. 그러자 연공을 찾아온 사람이 "태양은 세상을 두루 비추기 때문에 누구나 그 빛을 받습니다. 마찬가지로 한 나라의 임금은 그 은혜를 두루 비추므로 임금을 만날 사람은 꿈에 태양을 본다고 하지요. 그런데 지금 우리나라는 한 신하가 임금의 빛을 막고 혼자 쬐고 있으니 어찌 임금을 태양이라 할 수 있겠습니까? 아궁이는 한 사람이 그 앞에 앉아 불을 쬐면 다른 사람은 그 빛을 볼 수 없으니 제가 임금을 뵙기 전에 꿈에서 아궁이를 본 것도 틀린 것은 아니지요." 했습니다.

이 말을 들은 연공은 큰 깨우침을 얻고 미자하를 쫓아냈습니다. 그리고 현명한 신하들을 고르게 등용함으로 나라를 잘 다스렸다고 합니다. 이처럼 잘못을 지적할 때 적절한 비유를 들어 지혜롭게 말하니 왕이라도 마음에 감동을 받아 돌이키게 된 것입니다. 결과적으로 나라 전체에 유익을 주었지요.

그런데 충언을 한다면서 지혜롭지 못한 말로 상대의 마음을 찌르므로 오히려 진노를 산다면 어떨까요? 그 말은 의로울지라도 자신이나 다른 사람에게 아무런 유익을 줄 수 없습니다. 참으로 의로운 사람은 상대에게 실례를 범하지 않으며 아픔을 주지도 않습니다. 그러면서도 자신의 책임을 완수하지요. 상대에게 옳은 말을 하는 자체도 중요하지만, 그것을 얼마나 지혜롭게 전하느냐가 더욱 중요합니다. 가령, 상대에게 어떤 잘못을 깨우쳐 주고자 한다면 먼저 상대의 장점을 들어 칭찬한 다음에 지적하는 것이 좋습니다. 칭찬하여 마음 문이 열린 상태에서 지적하면 보다 긍정적으로 받아들일 수 있기 때문입니다. 주변에 잘못된 길로 가는 사람이 있다면 이렇게 지혜롭게 권면하되 사랑의 마음으로 해야 하겠습니다.

"마음의 정결을 사모하는 자의 입술에는
덕이 있으므로 임금이 그의 친구가 되느니라"
(잠언 22장 11절)

겸비함의 지혜

미국의 유명한 철학자인 에머슨이 시골에서 겪은 일입니다. 하루는 아들과 함께 송아지 한 마리를 외양간에 넣으려고 애를 쓰고 있었습니다. 하지만 두 사람이 힘을 다해 끌고 밀어도 송아지는 들어가지 않으려고 버팁니다. 그것을 가만히 지켜보던 늙은 가정부가 에머슨 부자를 돕기 위해 송아지 앞으로 다가왔습니다. 그런데 그녀의 손에는 아무것도 없었습니다. 송아지를 몰 막대기라든가 고리를 꿸 수 있는 사슬도 갖고 있지 않았지요.

가정부는 갑자기 팔을 걷어붙이더니 새끼손가락 하나를 송아지 입에 척 하고 물려 주었습니다. 그러자 송아지는 어미 젖을 빨듯이 손가락을 빨면서 그녀가 이끄는 대로 따라가는 것입니다. 이렇게 해서 가정부는 단번에 송아지를 외양간에 넣을 수 있었습니다.

에머슨은 유명한 철학자였으므로 지식이 많은 사람이었을 것입니다. 그러나 많은 것을 안다 해도 그 지식을 다 활용할 수는 없었지요. 그가 외양간에 송아지 한 마리를 들여보내는 문제로 고심할 때 오히려 그를 위해 밥 짓는 가정부는 그것을 쉽게 해결할 수 있었던 것입니다.

이 예화를 통해 깨우칠 수 있는 것은 사람의 지식과 지혜, 마음씀은 반드시 한계가 있다는 점입니다. 그것을 인정할 때 우리는 전지전능하신 하나님 앞에 겸손해질 수 있습니다. 아무리 박식한 사람도 세 살 먹은 아이한테 배울 점이 있고, 낫 놓고 기역자도 모르는 사람에게서도 배울 것이 많습니다. 그렇기 때문에 하나님께서는 남을 자신보다 낫게 여기라 하시며 낮아지고 섬기라 말씀하십니다. 내가 할 수 있는 많은 것을 상대가 할 수 없을지라도, 내가 할 수 없는 한 가지를 상대는 할 수도 있습니다.

따라서 항상 겸비한 마음을 갖는 것 또한 지혜입니다. 우리 사람이 할 수 없는 것을 능히 하실 수 있는 하나님 앞에 겸비한 마음으로 구한다면 무엇이든지 받게 됩니다. 마태복음을 보면 겸비함의 지혜로 예수님께 칭찬을 받은 여인이 나옵니다.

그 여인에게는 귀신 들린 딸이 있었습니다. 어느 날 여인은 예수님 앞에 나아가 딸을 고쳐 달라고 간청합니다. 그러나 예수님께서는 먼저 여인에게 응답받을 만한 믿음이 있는지를 시험하시고자 "자녀의 떡을 취하여 개들에게 던짐이 마땅치 아니하니라" 하며 거절하십니다. 당시 유대인들은 이방인을 개 취급하였는데 이 여인 역시 두로 지방에 사는 이방인이었기 때문입니다. 그러나 여인은 자존심 상해 하거나 실망하지 않고 "주여 옳소이다마는 개들도 제 주인의 상에서 떨어지는 부스러기를 먹나이다" 하며 변함없이 겸손한 믿음의 고백을 하였습니다. 이에 예수님께서는 여인의 믿음을 칭찬하며 "네 소원대로 되리라" 응답하셨습니다. 이처럼 우리도 겸비함의 지혜를 얻으면 모든 것에 응답받을 수 있습니다.

"사람이 교만하면 낮아지게 되겠고 마음이 겸손하면 영예를 얻으리라"
(잠언 29장 23절)

순종의 지혜

살다 보면 크고 작은 여러 문제에 부딪히기도 하고, 때로는 사람으로서 도저히 해결할 수 없는 일을 만나기도 합니다. 이때 지혜로운 사람은 자신의 능력을 의지하거나 인간적인 방법을 동원하지 않습니다. 하나님을 기쁘시게 하는 믿음과 행함의 지혜로써 응답받고 문제를 해결받지요.

열왕기하 5장을 보면 순종의 지혜로써 하나님을 기쁘시게 하여 축복받은 나아만이 나옵니다. 그는 대국 아람의 군대장관으로서 나라를 사랑하며 왕에게 충성하는 큰 용사였습니다. 또한 다른 나라와의 전쟁에서 대승을 거두어 왕의 신임은 물론 백성의 사랑을 받는 존귀한 사람이었지요.

그러나 그에게는 말 못할 고민이 있었습니다. 당시 의학으로는 치료할 수 없는 문둥병에 걸린 것입니다. 문둥병은 신체의 여러 부위 가운데 특히 얼굴, 팔다리의 외측, 손, 발 등에 반점이 생기고 감각이 쇠퇴하며 심하면 눈썹이 빠지고 발가락, 손가락이 떨어져 나가는 등 흉한 모습으로 변하는 질병입니다.

이러한 불치병으로 고통받던 나아만 장군은 어느 날 이스라엘에서 포로로 잡혀 온 계집아이에게 희소식을 들었습니다. 사마리아에 있는 선지자 엘리사 앞에 가면 문둥병을 고칠 수 있다는 것이었습니다. 마음이 선한 나아만 장군은 그 말을 믿었기에 은과 금, 의복을 잔뜩 싣고 엘리사가 있는 사마리아로 갑니다.

그런데 먼 길을 떠나 사마리아에 도착해 보니 선지자는 나와 보지도 않습니다. 그의 사환이 나와 "너는 가서 요단강에 몸을 일곱 번 씻으라 네 살이 여전하여 깨끗하리라"는 말만 전달했습니다. 나아만은 화가 나서 돌아가려고 했습니다. 그는 이스라엘보다 강한 아람 나라의 명성 있는 군대장관이 왔으니 선지자가 직접 나와 치료해 줄 것이라 생각했습니다. 그러나 현실은 기대와 전혀 맞지 않았지요.

그때 나아만의 종들이 "선지자가 당신을 명하여 큰 일을 행하라 하였더면 행치 아니하였으리이까 하물며 당신에게 이르기를 씻어 깨끗하게 하라 함이리이까" 하며 순종할 것을 권하였습니다. 이에 나아만은 마음을 돌이켜 요단강에 가서 몸을 일곱 번 잠그고 씻었습니다. 그러자 놀라운 일이 일어났지요. 흉한 문둥병이 흔적도 없이 사라지고 어린 아이의 살처럼 깨끗하게 바뀐 것입니다.

누구든지 나아만 장군처럼 자존심을 버리고 하나님 말씀에 순종하면 아무리 어려운 처지에 놓여 있을지라도 신속히 문제를 해결받을 수 있습니다. 하나님을 믿고 의뢰하며 기쁘시게 하는 사람이 참으로 지혜로운 사람입니다.

"마음이 지혜로운 자는 명령을 받거니와
입이 미련한 자는 패망하리라"
(잠언 10장 8절)

말하고 듣는 지혜

어느 나라에 지나치게 세간의 말에 신경을 쓰는 왕이 있었습니다. 이를 염려한 한 스승이 묘안을 생각해 냅니다. 그는 왕에게 권하기를 염색공들 사이에 "머지 않아 세상에서 제일가는 염색 분야의 대가가 이 도시에 나타난다"는 소문을 퍼뜨리자고 했습니다. 그런 뒤 세간에 떠도는 말을 들어 보자는 것이었지요. 얼마 안 있어 왕이 변장을 하고 스승과 함께 시장으로 나가 염색공들의 말을 들어 보았습니다.

"염색 분야의 대가라는 자를 나도 알지만 실력이 형편없는 사람이야. 내가 이웃 도시에서 염색 일을 할 때 그가 내 가게 옆에서 일했지. 그때 그는 거의 내 제자인 셈이었다니까!"

여러 비난이 존재하지도 않은 대가에게 퍼부어지고 있었습니다. 스승이 그들에게 넌지시 대가에 대해 물어보았습니다. 그러자 그들은 흥분

하면서 그 비난이 얼마나 진실한 것인지 맹세까지 하는 것입니다. 왕과 스승은 어처구니가 없었습니다. 있지도 않은 염색의 대가에 대한 소문을 도시에 퍼뜨렸더니 그를 가르쳤다는 둥, 옆에 살았다는 둥, 형편없는 사람이라는 둥 심지어 맹세까지 하는 얼토당토 않은 상황이 벌어진 것입니다. 그때 스승은 왕에게 이렇게 말했습니다.

"왕이여, 보셨듯이 저들은 토끼에게 뿔이 있다면서 그 뿔은 귀한 약재로 쓸 수 없다고 말합니다."

다시 말하면 토끼에게 없는 뿔을 있다고 하며, 또 그 뿔은 약으로 쓸 수 없다고 하니 얼마나 우스꽝스러운 얘기냐는 것입니다. 그 후로 왕은 세간의 말에 흔들리지 않았다고 합니다. 이를 통해 우리는 말을 할 때나 들을 때 얼마나 신중해야 하는지 깨우칠 수 있습니다. 또한 유언비어나 누군가 전하는 말에 치우치지 않고 분별할 줄 아는 능력이 얼마나 중요한지도 알 수 있습니다.

어떤 말을 들었을 때 그 배경이나 상황을 알아보지도 않고 그대로 믿고 오해하거나 단정짓는 경우가 얼마나 많습니까? 애매히 상대를 판단 정죄하여 실수하는 일도 있습니다. 그러니 한 사람의 말만 듣고는 상황을 온전히 알 수 없으므로 반드시 상대의 말을 들어 보아야 합니다. 또한 말 한마디를 하더라도 두 번 세 번 생각하며 신중하게 하여 실수가 없도록 해야 합니다.

사람마다 그 마음과 생각이 어떠하냐에 따라 입술에서 나오는 말이 다릅니다. 마음이 선하고 온전할수록 말에 실수가 없지요. 지혜로운 사람은 상대의 마음에 맞추어 말하며 자기가 나서서 말해야 할 때와 하지 말아야 할 때를 분별할 줄 압니다. 어떤 소문을 들었을 때 참고는 하되 흔들리거나 섣불리 판단하지 않습니다.

"말이 많으면 허물을 면키 어려우나
그 입술을 제어하는 자는 지혜가 있느니라"
(잠언 10장 19절)

다툼을 피하는 선의 지혜

중국 조나라 혜문 왕 때 인상여와 염파라는 사람이 있었습니다. 인상여는 지혜로운 언변으로 재상의 자리에까지 오른 인물입니다. 염파는 제후들 사이에 널리 알려질 만큼 용기가 출중한 장수였지요. 그런데 염파 장군은 인상여의 벼슬이 자신보다 높아지자 몹시 불쾌하였습니다. 자신은 수많은 전쟁터에서 목숨을 걸고 싸운 공로로 벼슬을 얻었는데, 인상여는 겨우 세 치 혀만 놀려서 높은 자리에 앉은 것이라 여겼기 때문입니다. 더구나 인상여는 원래 출신이 천하니 자신은 도저히 그 밑에 있을 수 없다며 모욕을 주려고 벼르던 참이었습니다.

이런 내막을 전해 들은 인상여는 그때부터 염파 장군을 피하기 시작합니다. 그러자 가신(家臣)들은 이런 그의 행동을 보고 염파를 두려워하여 숨는 것은 부끄러운 일이라며 불평했습니다. 그때 인상여는 아랫

사람들에게 "염 장군과 진나라 왕 중에 누가 더 두려운 존재라고 생각하는가?" 하고 묻습니다. 아랫사람들은 한결같이 "그야 진나라 왕이 더 무섭지요." 하고 입을 모았는데, 이는 당시 진나라가 조나라를 위협하는 적국이었기 때문입니다.

이에 인상여는 "일찍이 나는 진나라 왕도 면전에서 꾸짖은 바 있다. 그런 내가 아무려면 염파 장군을 무서워하겠는가? 지금 진나라가 감히 우리나라를 넘보지 못하는 것은 나와 염파 장군이 있기 때문이다. 만일 우리 두 사람이 싸우면 나라가 위태로워진다. 그러니 내가 염 장군을 피하는 이유는 국익을 먼저 생각하고 사사로운 감정을 뒤로 돌리기 위함이다."라고 깨우쳐 주었습니다.

그 말은 금세 염파의 귀에까지 들어갔고, 그는 당장 가시 회초리를 짊어진 채 인상여의 집으로 찾아가 자신의 잘못을 빌었다고 합니다. 이후 두 사람은 생사를 같이할 만큼 변치 않는 신의를 갖게 되었습니다. 인상여는 사사로운 감정 싸움으로 자신을 내세우기보다 비록 자신이 무시를 당한다 하더라도 대의를 위해 희생할 줄 아는 지혜로운 사람이었습니다. 또한 그 지혜는 선한 마음에서 비롯되었기에 결국 상대의 마음을 얻고 생명을 나누는 친구가 된 것입니다.

이처럼 선한 지혜에서 나오는 말과 행동은 다툼을 그치게 할 뿐 아니라 상대로 하여금 용서를 구하게 만듭니다. 주변을 돌아보면 자존심을 내세우다, 혹은 감정을 이기지 못해 다투다가 일을 그르친 뒤에야 후회하는 경우가 얼마나 많습니까? 그러므로 우리는 범사에 좋지 않은 감정을 버리고 선한 마음으로 모든 사람과 화평할 수 있어야 하겠습니다.

"미련한 자의 입술은 다툼을 일으키고 그 입은 매를 자청하느니라"
(잠언 18장 6절)

금보다 귀한 지혜

고려의 명장인 강감찬 장군이 전쟁에서 큰 승리를 거두었을 때 일입니다. 개선하는 그를 축하하기 위해 왕이 잔치를 베풀었지요. 잔치의 주인공으로 초대받은 장군은 산해진미로 가득한 상 앞에 자리를 잡고 앉았습니다. 그런데 식사를 하기 위해 밥그릇의 뚜껑을 열어 보니 아무것도 담겨 있지 않았습니다. 이런 일은 궁중 법도나 예의로 볼 때, 또 장군이 잔치의 주인공이라는 사실을 생각할 때 예삿일이 아니었습니다. 만약 이 일이 주위에 알려지면 시중들던 사람은 큰 벌을 받게 될 것이 불 보듯 뻔했습니다.

이를 염려한 강감찬 장군은 한 가지 지혜로운 방법을 생각해 냅니다. 우선 주변에서 눈치 채지 않게 시중들던 사람을 조용히 밖으로 불러내 상황을 설명해 주었습니다. 그러자 그는 어쩔 줄 몰라 하며 엎드려 용서를 구했습니다. 사죄하는 그를 안심시키고 장군은 어떻게 해야 할지 그 방법을 조곤조곤 알려 주었습니다. 그뒤 아무 일 없다는 듯이 자리로 돌아와 다른 사람들과 태연하게 어울렸습니다. 얼마 후 시중들던 사람이 강감찬 장군에게 다가와 다음과 같이 말했습니다.

"장군님, 진지가 식은 듯하오니 제가 따뜻한 것으로 바꾸어 드리겠습니다."

두 사람 사이에 무슨 일이 있었는지 아무도 모른 채 빈 그릇은 자연스럽게 치워졌습니다. 대신 따뜻한 밥이 소복이 담긴 새 밥그릇이 장군 앞에 놓였습니다. 이렇게 해서 잔치는 아무 탈 없이 흥겹게 진행되었습니다. 만약 악한 사람이 이런 상황을 만났다면 어떻게 했을까요?

아마 그 자리에서 시중들던 사람을 큰 소리로 꾸짖을 사람도 있을 것입니다. 그러면 잔치는 흥이 깨지고 시중들던 사람 역시 해를 입을 수 있었겠지요. 하지만 강감찬 장군은 선한 마음을 가졌기 때문에 비록 아랫사람이라 해도 그에게 해가 가지 않도록 지혜롭게 처리한 것입니다. 뿐만 아니라 이는 즐거운 잔치 분위기를 흐리지 않으려는 배려와 마음씀이었습니다.

이처럼 지혜란 반드시 거창한 모양새로 나오는 것만은 아닙니다. 일상생활 속에서 조그만 선의 마음씀이 바로 지혜가 될 수 있습니다. 상대의 유익을 구하고 상대에게 해를 끼치지 않으려는 마음, 모든 사람을 기쁘고 즐겁게 하려는 선의 마음을 소유할 때 비로소 모든 사람에게 유익이 되는 귀한 지혜가 나올 수 있는 것입니다.

일상생활뿐만 아니라 신앙생활을 할 때나 하나님의 일을 할 때에도 지혜가 필요합니다. "어떻게 하면 가족복음화를 신속히 이룰까?", "어떻게 하면 하나님이 주신 사명을 더 잘 감당할 수 있을까?" 하는 문제 역시 지혜가 있으면 보다 쉽게 답을 얻을 수 있습니다. 기도의 응답이나 축복을 받는 것, 더 좋은 천국에 들어가는 것, 장수, 부귀, 평강이 다 지혜 안에 들어 있는 것입니다.

그러므로 하나님께서는 잠언 16장 16절에 "지혜를 얻는 것이 금을 얻는 것보다 얼마나 나은고" 하여 지혜의 중요성을 깨우쳐 주십니다. 사람들이 귀하게 여기는 금이라 해도 그것이 우리에게 참 생명과 평안을 가져다줄 수는 없습니다. 오히려 금덩어리를 가지고 있으면 누가 훔쳐갈까 불안할 수도 있지요. 하지만 지혜는 누가 훔쳐갈 수 있는 것이 아니며, 얼마큼 잘 활용하느냐에 따라 그 가치가 측량할 수 없을 정도로 커집니다.

지혜를 금에 비교하는 것으로는 지혜의 가치를 논하기에 부족합니다. 잠언 4장 7절에 "지혜가 제일이니 지혜를 얻으라" 말씀하신 대로 지혜는 무엇과도 바꿀 수 없는 귀중한 것입니다. 다만 이 땅의 것으로 굳이 비교하자면 최고의 가치를 지닌 금이 가장 적합하지요. 금은 광

택이 아름답고 오랜 세월이 흘러도 변하지 않는 특성이 있기에 동서고금을 막론하고 누구나 귀하게 여깁니다. 그래서 하나님께서는 지혜가 어떤 것보다 귀하다는 사실을 금에 비유하여 깨우쳐 주신 것입니다.

잠언 9장 10절에 "여호와를 경외하는 것이 지혜의 근본이요 거룩하신 자를 아는 것이 명철이니라" 말씀하셨으니 지혜의 근본이신 하나님을 믿고 경외함으로 금보다 귀한 지혜를 얻어 모든 사람에게 유익을 주는 삶을 영위하시기 바랍니다.

"지혜를 얻는 것이 금을 얻는 것보다 얼마나 나은고"
(잠언 16장 16절)

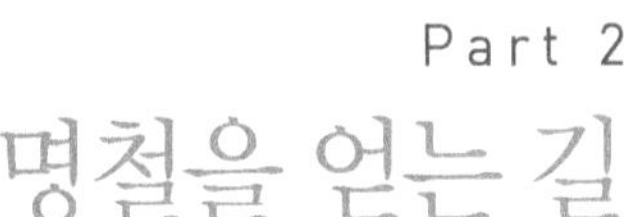

Part 2
명철을 얻는 길

Signpost to Get the Understanding

명철은 생명의 샘 | 명철이 너를 보호하리니
빛을 좇아 나오라 | 보석처럼 빛나는 의인
노를 발하지 말자 | 틀을 깨뜨리자 | 주의 깊은 사람이 되자

"단 한 번뿐인 인생을
값지고 소중하게 보내는 길은
하나님 말씀을 등불 삼아
명철을 얻는 데 있습니다."

Signpost to Get the Understanding

명철은 생명의 샘

아무리 캄캄한 길을 간다 할지라도 등불이 있으면 평안히 목적지에 이를 수 있습니다. 마찬가지로 하나님 말씀은 우리가 행해야 할 바를 알려 주고 인도하는 등불과 같은 역할을 합니다. 하나님 말씀에는 모든 문제의 해답과 방법이 있어 우리가 말씀대로 행할 때 길이 밝히 보입니다. 이것을 명철이라고 하지요.

물론 삶의 경험이 많은 사람에게서도 분야 분야 명철을 배울 수 있습니다. 사람이 젊었을 때에는 어떤 일을 의욕적으로 시작하지만 경험이 부족하기 때문에 시행착오를 겪고 실패하기 쉽습니다. 그러나 인생 연륜이 깊은 노인들은 몸소 체득한 삶의 비결을 생생히 전해 줄 수 있습니다. 무엇이 옳고 그른지 잘 분별하여 자녀나 젊은이들에게 필요한 조언을 들려 줄 수 있는 것입니다.

한 예로, 아이가 아프거나 다쳤을 때 경험이 부족한 젊은 엄마들은 당황하게 마련입니다. 그러나 여러 경험을 쌓은 노인들은 상황에 따라 어떻게 하면 된다는 것을 알기에 적절한 조치를 취해 쉽게 문제를 해결할 수 있습니다.

사람과의 관계도 마찬가지입니다. 노인들은 지켜야 할 도리와 질서를 알기에 명철한 길을 제시할 수 있습니다. 부모와 자녀 사이에, 스승과 제자 사이에, 부부 사이에, 나아가 나라와 나라 사이에 화평을 이루고 유대 관계를 돈독히 할 수 있는 방법을 보여 주는 것입니다. 따라서 노인들의 명철을 따르면 삶의 전반에 걸쳐 참으로 유익합니다.

속담에 '돌다리도 두드려 보고 건너라'는 말이 있습니다. 정말 자신 있는 일도 경륜이 풍부한 사람에게 자문을 구하여 일 처리에 반영해 나간다면 삶을 더욱 안전하고 풍요롭게 만들 수 있습니다. 하물며 전지전능하신 하나님께 우리 삶을 맡긴다면 어떠하겠습니까? 하나님께서는 모든 것을 예지하시는 분으로 인생의 처음과 끝은 물론 인생 문제에 대한 모든 답을 알고 계시며 이를 성경에 담아 놓으셨습니다. 우리가 이러한 하나님을 의지하고 그 말씀을 좇을 때 어떤 돌다리보다 더 확실하고 튼튼한 길을 가게 됩니다. 그 길은 결코 무너질 리 없고 좌우로 치우쳐 흔들릴 이유도 없지요.

우리가 하나님 말씀을 통하여 옳고 그름이나 선과 악, 생명과 사망을 정확히 구별하면 멸망으로 이끄는 악이 싫어질 수밖에 없습니다. 예를 들어, 아무것도 모르는 어린아이일 때에는 옷이나 몸에 오물이 묻어도 별로 상관치 않고 그저 노는 것에 여념이 없습니다. 오물이 얼마나 더러운 것인지 잘 모르기 때문입니다. 그러나 자라면서 지식을 배우면 오물이 불결한 것인 줄 알기 때문에 그것이 묻으면 물로 씻거나 휴지로 닦아냅니다.

이처럼 자라면서 더럽고 깨끗한 것을 구별하듯 하나님 말씀을 양식 삼는 만큼 생명의 길과 사망의 길을 분별하여 악은 모양이라도 버리고 형통한 길로 나아갈 수 있습니다. 우리가 악에서 떠나 오직 하나님 말씀대로 행할 때 하늘로부터 지혜와 명철이 옵니다. 단 한 번뿐인 인생을 값지고 소중하게 보내는 길은 하나님 말씀을 등불 삼아 명철을 얻는 데 있습니다.

"명철한 자에게는 그 명철이 생명의 샘이 되거니와 미련한 자에게는 그 미련한 것이 징계가 되느니라"
(잠언 16장 22절)

명철이 너를 보호하리니

'아는 것이 힘'이라는 말이 있듯이 지식을 잘 활용하면 생활이 윤택해집니다. 예를 들어, 질병에 대한 폭넓은 지식이 있다면 초기에 질병을 발견하여 보다 신속히 치료할 수 있을 것입니다. 언제부터인지 잦은 피로감이 오고 식욕이 감퇴하더니 오심, 구토, 설사를 하며 열이 오르내리는 증상이 나타났다고 합시다. 처음에는 단순한 감기인 줄 알았는데 시간이 지나도 낫지 않아 병원에 가 보니 중증 간염이라고 합니다. 평소 간염에 대한 지식이 있었더라면 병이 진전되는 것을 막을 수 있었을 것입니다.

이처럼 각종 질병이 발생하는 원인과 증상이 무엇인지 알면 예방할 수 있고 혹 병에 걸렸다 해도 신속하게 대응할 수 있습니다. 그런데 이런 지식은 사람의 생각과 지혜에서 나오므로 한계가 있습니다. 지식으로 모든 문제를 해결할 수 있는 것은 아닙니다. 최고의 권위를 자랑하는 암 전문의라 해도 자신이 암에 걸릴 수 있고, 의학 박사라 해도 정작 자신의 건강을 지키지 못하는 경우도 있습니다.

사람들은 대부분 질병의 원인을 외적인 데서 찾으려 합니다. 어쩌다 병균에 감염되었거나 무리한 탓이라고 생각하지요. 그래서 치료를 위해 병원이나 약을 의존합니다. 하지만 아무리 의학이 발달했다 해도 아직 치료할 수 없는 불치병이나 난치병이 얼마나 많습니까? 또 수술한다 해도 후유증으로 고생하는 경우가 많고 치료되기까지 많은 시간이 걸립니다. 게다가 치료비도 만만치 않습니다.

그러나 전지전능하신 하나님을 믿는 사람은 질병에 걸렸을 때 세상 방법을 동원하지 않습니다. 오직 하나님 말씀 속에서 해답을 찾습니다. 출애굽기 15장 26절에 "너희가 너희 하나님 나 여호와의 말을 청종하고 나의 보기에 의를 행하며 내 계명에 귀를 기울이며 내 모든 규례를 지키면 내가 애굽 사람에게 내린 모든 질병의 하나도 너희에게 내리지 아니하리니 나는 너희를 치료하는 여호와임이니라" 하셨습니다.

이에서 하나님 말씀대로 살지 않기 때문에 질병이 오는 것임을 알 수 있습니다. 그러므로 혹 질병에 걸렸다면 하나님 말씀에 비추어 스스로 돌아보아 먼저 죄를 회개해야 합니다. 하나님의 능력으로는 어떠한 질병이나 연약함도 문제가 되지 않습니다. 또한 후유증이 없을 뿐 아니라 치료 과정에서도 고통이 없으며 치료비를 염려할 필요도 없지요.

가정, 일터, 사업터에 생긴 문제 역시 마찬가지입니다. 하나님 말씀을 통해 문제의 원인과 해결책을 찾을 수 있습니다. 말씀에 어긋난 것을 깨닫고 돌이키면 즉시 하나님의 능력을 체험하게 될 것입니다. 이처럼 하나님 말씀 안에는 명철이 있어 인생의 모든 길을 알려 주십니다.

따라서 무엇을 하든지 일의 목적과 의미와 최선의 방법, 그것이 자신에게 미치는 영향 등을 하나님 말씀 속에서 찾는 것이 중요합니다. 문제나 사고는 예기치 않게 찾아오므로 내 편에서만 조심한다고 막을 수 있는 것이 아닙니다. 오직 하나님 말씀을 지켜 행할 때 항상 하나님의 보호를 받을 수 있습니다.

"근신이 너를 지키며 명철이 너를 보호하여 악한 자의 길과 패역을 말하는 자에게서 건져내리라"
(잠언 2장 11~12절)

빛을 좇아 나오라

식물을 창가에 놓아두면 며칠 뒤 줄기 끝이 창쪽을 향해 있는 모습을 발견할 수 있습니다. 또 거의 햇살이 들어오지 않는 산림 속에서도 식물은 대부분 어떻게든 빛을 향해 가지를 뻗어 나갑니다. 그런가 하면 어떤 식물은 빛이 오는 반대 방향으로 자라는데, 이는 식물의 종류에 따라 빛에 반응하는 성질이 다르기 때문입니다.

우리 사람에게도 이와 같은 모습이 있습니다. 사람의 마음 안에는 선한 마음과 악한 마음이 있는데, 선한 마음은 하나님께로부터 온 것이므로 선을 좋아하고 진리를 좇으려 합니다. 반대로 악한 마음은 원수 마귀 사단에게 속하여 어둠을 좋아하고 점점 죄악 가운데 빠져들게 하지요. 예를 들어, 똑같이 어려운 환경에서도 처지를 비관하여 타락의 길로 가는 사람이 있는 반면, 자신보다 어려운 이웃을 도우며 사는 사람도 있습니다.

선한 마음은 빛을 향해 줄기를 뻗어 나가는 식물과 같이 선을 좋아합니다. 그래서 선한 사람은 선을 행합니다. 이에 대하여 예수님께서는 "진리를 좇는 자는 빛으로 오나니"(요 3:21)라고 말씀합니다. 여기서 빛이란 사랑이며 선 자체이신 하나님, 예수 그리스도, 진리의 말씀 자체를 뜻합니다. 그러면 빛이신 하나님을 좇아 나오기 위해서는 어떻게 해야 할까요?

우선, 교회에 나와야 합니다. 교회는 하나님의 성전이요 하나님 말씀이 선포되는 곳입니다. 교회에 나오는 사람들을 보면 여러 유형이 있습니다. 진정 하나님을 만나기 위해 나오는 사람이 있는 반면, 기적을 보고 무언가 얻기를 기대하는 마음으로 나오는 사람도 있습니다. 후자는 "병만 낫는다면 몇 번 교회에 나간다 해서 손해볼 건 없지." 혹은 "사업이 안 되는데 교회에 나가면 돈이 잘 벌리지 않을까?" 하는 등 요행을 바라는 것입니다.

물론 선포되는 하나님 말씀을 들으면서 차츰 믿음을 갖는 경우도 있지요. 하나님이 계시고 천국과 지옥이 있으며, 사람에게는 죄가 있어서 죄 사함을 받아야 한다는 것, 진리의 말씀대로 행해야 한다는 것을 알게 됩니다. 이제는 병 고치는 것이 문제가 아니라 죄 사함받고 하나님의 자녀가 되어야 한다는 것을 깨닫지요. 그리하여 믿음을 갖고 어둠에서 돌이켜 빛 가운데로 나오면 하나님께서 역사하시니 질병은 자연히 치료됩니다.

어떤 사람은 교회에 나와 하나님 말씀을 들으면서도 오직 병 고치는 데에만 마음을 둡니다. 그렇기 때문에 믿음을 갖지 못하고 치료의 역사를 체험할 수도 없습니다. 또 어떤 이는 주변의 권유로 마지못해 교회에 나오기도 합니다. 물론 이렇게라도 나오면 하나님께서 긍휼히 여기고 구원받을 수 있는 믿음을 갖게 도우십니다. 그러나 더 신속히 하나님을 만나고 응답받기 위해서는 자원하는 마음으로 빛을 좇아 나가야 합니다. 그럴 때 사랑의 하나님께서는 햇볕에 탐스럽게 익어 가는 과일처럼 우리의 삶을 복되고 아름답게 인도해 주십니다.

"대저 명령은 등불이요 법은 빛이요 훈계의 책망은 곧 생명의 길이라"
(잠언 6장 23절)

보석처럼 빛나는 의인

아름다운 보석은 진흙 속에 묻혀 있어도 반짝이는 빛으로 인해 쉽게 알아볼 수 있습니다. 마찬가지로 사람들 중에도 보석과 같은 의인은 그 빛으로 주위를 밝게 하고 아름답게 변화시키므로 사람들에게 사랑을 받습니다. 성경에 나오는 믿음의 선진들이 그러했습니다. 그들뿐 아니라 역사적으로 큰 업적을 남겼거나 인류에 공헌한 사람들은 후대에까지 기억되고 칭송받습니다.

한 예로, '백화점'이라는 유통방식을 처음으로 도입하여 성공한 '워너 메이커'라는 사람이 있습니다. 그는 어릴 때부터 신실한 믿음을 소유하였는데, 그가 열 살 때 있었던 일입니다. 눈보라치는 어느 날 새벽, 워너 메이커는 벽돌을 수레에 싣고 교회로 향하였습니다. 그 전날, 새 성전 건축을 위해 힘써 달라는 목사님의 설교를 듣고 누구보다 먼저 하나님께 정성을 드리고 싶었던 것입니다. 넉넉지 못한 집안 형편으로 헌금할 돈이 없었기 때문에 아버지의 허락을 얻어 자기 집에서 구워 파는 벽돌을 교회에 싣고 온 것이지요.

그 모습에 감동한 목사님은 워너 메이커에게 간절한 축복 기도를 해 주었다고 합니다. 이 축복 기도를 받고 성장한 그는 개업하는 가게마다 성공하였습니다. 게다가 성장 발전을 거듭하여 백화점이라는 유통 방식을 최초로 착안했고, 이를 성공적으로 이끌어 오늘날까지 이르게 된 것입니다.

세상에는 부족한 점이 있다 해도 한 가지 좋은 발상을 하여 그것을 이루어 냄으로 후세 사람들에게 유익을 준 경우가 많습니다. 또 어떤 사람은 의로운 행동을 하거나 훌륭한 업적을 남겨 위인이라 불립니다. 그들이 남긴 업적은 오늘날의 과학 문명이나 문화의 발전에 크게 기여하였습니다. 하물며 하나님께서 인정하시는 의인이 된다면 어떠하겠습니까?

하나님께서 기뻐하시는 의인은 하나님을 첫째로 사랑하고, 이웃을 내 몸과 같이 사랑하며, 하나님 말씀을 지켜 행함으로 항상 그리스도의 빛과 향기를 발합니다. 빛은 어둠을 밝히는 힘이 있습니다. 칠흑같이 어둡다가도 태양이 떠오르면 어둠 속에 감춰졌던 모든 것이 환하게 드러납니다. 또 어두울 때는 길을 분간하기 어렵고 때로 실족할 수 있지만 빛이 있으면 쉽게 길을 찾을 수 있으며 더러운 곳은 피해 갈 수 있습니다.

죄악으로 어두워진 세상에서 우리가 환한 빛으로 진리의 길잡이가 되어 준다면 그것은 참으로 가치 있고 고귀한 삶이 될 것입니다. 이러한 사람에게 하나님께서는 놀라운 섭리를 나타내며 그를 통해 영광받으십니다. 그러므로 하나님의 기뻐하시는 뜻을 좇아 살아감으로 참다운 의인으로서 빛을 발해야 하겠습니다.

"의인의 빛은 환하게 빛나고 악인의 등불은 꺼지느니라"
(잠언 13장 9절)

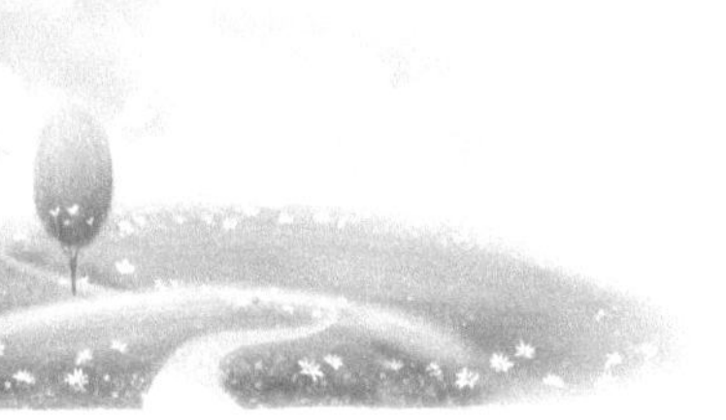

노를 발하지 말자

사람들과 만나고 헤어지는 가운데 즐겁고 행복한 시간도 있지만 때로는 화합하지 못하여 아픔을 느끼기도 합니다. 상대의 마음이 되어 이해해 주고 양보하면 화목할 수 있지만 참지 못하고 노하기를 속히 하면 다툼이 일어나며 일을 그르치게 됩니다.

미국의 16대 대통령 링컨의 일화입니다. 링컨이 대통령에 당선된 후 기차를 타고 워싱턴으로 가던 중이었습니다. 그의 일행이 어느 역에 닿았을 때 군중이 축포를 쏘며 반갑게 맞았습니다. 그때 군중 속에서 한 주정꾼이 이렇게 소리지르는 것입니다.

"막상 실물을 보니 생각했던 것보다 훨씬 못생겼군. 그래서 나는 당신보다 잘생긴 후보에게 표를 던졌던 거요!"

이 말을 들은 링컨이 비서관에게 "저 사람과 잠깐 대화하고 싶으니 데려오게나."라고 했습니다. 그러자 비서관이 "한낱 술꾼의 말에 일일이 마음 쓰실 것 없습니다." 하며 지나칠 것을 권했습니다. 그래도 링컨이 그 주정꾼을 만나기 원하므로 그를 불러 왔습니다. 그때 링컨은 주정꾼에게 온화한 어조로 이런 부탁을 했습니다.

"자네는 다른 후보를 찍었다지만 그래도 나는 대통령이 되었네. 그러니 나는 자네 대통령일세. 나는 지금 워싱턴으로 가는 길인데, 그곳에 가면 어려운 일이 많을 걸세. 앞으로 날 도와주게나."

링컨의 말에 그는 놀라서 "돕고말고요. 앞으로 대통령 당신의 지지자가 되겠습니다."라고 대답했습니다. 링컨이 자신의 위치와 입장을 생각했다면 기분이 상할 수도 있습니다. 그러나 그는 이 상황을 자신의 지지자 한 사람을 더 얻는 기회로 만들었습니다. 노를 발하지 않고 오히려 감동을 줌으로 좋은 결과를 얻은 것입니다.

사람들은 대부분 상대가 자기 생각에 맞지 않을 때 화를 내곤 합니다. 이는 상대를 무시하는 마음이 있기 때문입니다. 상대도 나름대로 생각이 있는데, 이를 고려하지 않고 내 생각과 같기만 바라니 화가 나는 것이지요. 또한 자신이 아랫사람에게 무언가 지시하거나 부탁했을 때 그대로 되지 않으면 화내기도 합니다. 윗사람이라고 해서 아랫사람의 실수를 용납하지 않으며 거친 말로 상대의 감정을 상하게 하는 것은 옳지 않습니다. 일시적으로 일은 잘해낼 수 있을지 모르지만 사람의 마음을 얻지 못하면 경영하는 바를 온전히 이룰 수 없습니다.

그러므로 우리는 예수 그리스도의 성품을 닮아야 합니다. 하나님의 독생자로서 우리를 구원하기 위해 이 땅에 오신 예수님께서는 사람들이 핍박해도 감정을 품지 않으셨습니다. 악한 사람들이 시비하며 송사거리를 얻으려 하면 잔잔하고 온유한 말씀으로 그들을 깨우쳐 주셨습니다. 또한 인류의 죄를 대속하기 위해 머리에 가시관을 쓰시고 십자가에 달려 엄청난 고통을 받으면서도 저희를 용서해 달라고 기도하셨습니다. 이러한 예수 그리스도의 성품을 닮아 범사에 오래 참고 온유한 마음을 소유할 때 많은 사람을 품을 수 있습니다.

"노하기를 더디 하는 자는 크게 명철하여도
마음이 조급한 자는 어리석음을 나타내느니라"
(잠언 14장 29절)

틀을 깨뜨리자

자신의 한계 이상은 수용하지 않는 사람이 있는가 하면, 자신의 틀을 깨뜨리고 창조적인 삶을 일구는 사람도 있습니다. 살다 보면 예상치 못한 뜻밖의 일이 얼마든지 일어날 수 있기에 자기 틀에 매이면 그만큼 어려움을 겪게 됩니다. 또 각종 문제에 부딪혀 헤어나오지 못하기도 합니다. 예를 들어, 어른 코끼리는 1톤 무게라도 가볍게 들어 올릴 힘이 있다고 합니다. 그런데 서커스단을 보면 커다란 코끼리가 조그만 말뚝에 매여 꼼짝도 하지 않습니다. 그것은 코끼리가 어릴 때 단단한 쇠말뚝에 묶여 아무리 끌어 당겨도 소용이 없다는 것을 체험했기 때문이라고 합니다. 그러면 어른 코끼리가 된 다음에도 말뚝에 묶이면 어쩔 수 없다고 생각한다는 것입니다.

마찬가지로 자신의 고정관념이나 습관, 틀이라는 사슬에 매여 서커

스단의 코끼리처럼 행동하는 사람이 있습니다. 이런 경우 스스로 정한 한계를 넘어서려 하지 않으니 능력을 발휘할 수 없습니다. 물론 위기에 대처하는 능력이 부족한 탓도 있습니다. 또한 사람에 따라 고된 생활과 역경을 이겨내는 정도가 다를 수도 있지요. 하지만 뼈를 깎는 아픔과 어려움을 이기고 승리하는 사람도 적지 않습니다. 그들의 공통점은 고정관념을 깨뜨리고 성공의 한계를 짓지 않는다는 것입니다.

성경에도 사람들이 볼 때에는 하나님의 일을 이루기에 부족하다 생각되던 사람이 크게 쓰임 받은 경우가 있습니다. 다윗은 이새의 여덟 아들 중 막내로 한낱 아버지의 양을 치는 목동이었습니다. 게다가 하나님께서 사무엘 선지자를 통해 왕을 택하실 때에도 양을 치러 나가서 그 자리에 없었습니다.

아무도 그가 왕이 되리라고는 생각지 못했지요. 사무엘 선지자도 다윗을 만나기 전에 장자 엘리압의 용모를 보고 그가 왕이 될 만한 인물이라고 생각했을 정도였습니다. 그러나 중심을 보시는 하나님께서는 다윗을 택하셔서 이스라엘의 왕으로 삼으셨습니다. 사람의 생각이나 틀, 고정관념으로 봤을 때는 전혀 아닌 것 같아도 하나님께서는 그 중심이 합한 사람을 택하여 일을 이루어 가셨던 것입니다.

일정한 틀을 가진 사람은 그 틀에 의해 일을 이루어 갑니다. 그래서 정한 한도 안에서만 가까스로 열매를 얻을 뿐 무(無)에서 유(有)가 창조되는 역사는 이루지 못합니다. 하나님의 능력은 불가능한 것이 없으며 틀이나 한계가 없습니다. 따라서 무에서 유를 창조하시는 하나님을 믿고 의지하며 하나님 말씀으로 모든 잘못된 틀이나 이론, 세상의 지혜와 지식을 깨뜨리는 것이 중요합니다. 그럴 때 하나님께서 주시는 생명의 지식과 지혜, 명철과 총명함을 받아 하나님의 놀라운 역사를 체험할 수 있습니다.

"너는 마음을 다하여 여호와를 의뢰하고 네 명철을 의지하지 말라"
(잠언 3장 5절)

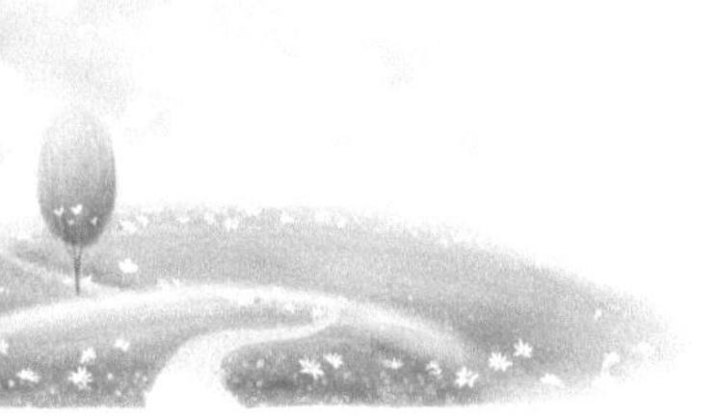

주의 깊은 사람이 되자

중국 정나라에 열자라는 사람이 있었는데, 몹시 가난하여 끼니를 거를 정도였습니다. 어떤 사람이 열자의 곤경을 보고만 있을 수 없어서 딱한 사정을 고관에게 알렸습니다. 그러자 관가에서는 급히 수십 대의 우마차를 동원해서 그의 집으로 곡식을 실어다 주었습니다. 그는 학문과 철학에 능통하여 당대 이름 있는 사상가였기 때문입니다.

그런데 열자는 받지 않고 그대로 돌려보냈습니다. 그의 아내는 당장 굶게 된 판에 먹고 살아야 하지 않겠느냐고 호소했지만 열자는 받을 수 없다고 잘라 말했습니다. 아내가 기가 막히다는 표정으로 이유를 물었더니 이렇게 대답합니다.

"관가에서 누군가 나의 처지를 동정하여 곡식을 보낸 듯한데, 우리 집을 한 번도 살피지 않고 보낸 것이오. 그렇게 남의 말을 잘 믿는다면 누가 나에 대하여 좋지 않은 말을 할 때에도 살피지 않고 그대로 믿고 나를 옥에 가둘지 모를 일이오. 그러니 내가 어떻게 그 곡식을 받을 수 있겠소."

그 말을 들은 열자의 아내는 할 말을 잃었다고 합니다. 열자처럼 이치에 타당한지 살피고 주의 깊게 행하는 사람은 매사에 실수하지 않습니다. 아무리 좋은 일이나 급한 상황이 있어도 옳고 그름을 분별하고 가려서 행하는 것이 주의 깊은 행함입니다. 어떤 일을 처리함에 있어서나 예상치 못한 일을 만났을 때 앞뒤, 좌우상황을 살필 줄 아는 신중함을 갖는 것이 곧 지혜이기도 합니다.

예수님을 성령으로 잉태한 마리아도 참으로 주의 깊은 여인이었습니다. 요셉과 정혼한 그녀에게 어느 날 천사장 가브리엘이 나타나 예수님을 잉태할 것임을 전했습니다.

"마리아여 무서워 말라 네가 하나님께 은혜를 얻었느니라 보라 네가 수태하여 아들을 낳으리니 그 이름을 예수라 하라 저가 큰 자가 되고 지극히 높으신 이의 아들이라 일컬을 것이요 주 하나님께서 그 조상 다윗의 위를 저에게 주시리니 영원히 야곱의 집에 왕 노릇 하실 것이며 그 나라가 무궁하리라 … 성령이 네게 임하시고 지극히 높으신 이의 능력이 너를 덮으시리니 이러므로 나실 바 거룩한 자는 하나님의 아들이라 일컬으리라"(눅 1:30~35)

천사장의 말에 마리아는 "주의 계집종이오니 말씀대로 내게 이루어지이다"라고 고백하였습니다. 당시는 율법을 철저하게 지키던 시대였습니다. 그러니 결혼하지도 않은 여자가 잉태하였다면 간음한 것이므로 그를 돌로 쳐 죽이도록 되어 있었습니다. 생명의 위협 앞에 망설일 수 있는 상황입니다. 더구나 마리아는 요셉과 결혼을 약속한 상태였습니다. 그러나 하나님을 사랑한 마리아는 주의 깊은 마음으로 겸손히 받아들여 인류의 구원자가 되실 예수님을 성령으로 잉태하여 낳는 축복의 여인이 되었습니다. 이와 같이 우리도 조급하지 않고 주의 깊게 생각하며 행해 나간다면 실수하지 않는 것은 물론, 축복의 길로 나아갈 수 있습니다.

"삼가 말씀에 주의하는 자는 좋은 것을 얻나니
여호와를 의지하는 자가 복이 있느니라"
(잠언 16장 20절)

Part 3

슬기로운 사람이 되려면

How to Become a Wise Man

슬기로운 사람이 되려면 | 인생의 교과서 | 참된 지식
미련한 사람과 총명한 사람 | 가치를 아는 사람 | 안목의 중요성
어질고 슬기로운 아내 | 선택의 중요성 | 화평과 기쁨을 주는 삶

"하나님을 경외하여 슬기롭게 행하는 사람은
하나님께서 함께하시니
어떤 문제라도 능히 해결받으며
범사에 축복된 길로 나아갑니다."

How to Become a Wise Man

슬기로운 사람이 되려면

슬기로운 사람은 생활 속에서 어떤 것을 잘 활용하고 다가오는 상황에도 지혜롭게 대처합니다. 나아가 하나님을 경외하여 슬기롭게 행하는 사람은 하나님께서 함께하시니 어떤 문제라도 능히 해결받으며 범사에 축복된 길로 갑니다. 우리가 슬기로운 사람이 되기 위해서는 구체적으로 어떻게 해야 할까요?

첫째로, 지식이 있어야 합니다.

여기서 지식이란 세상에서 말하는 지식이 아닙니다. 하나님 말씀에 대한 지식을 의미합니다. 성경은 살아 계신 하나님 말씀이며 인생의 시작과 끝에 대한 모든 것이 담겨 있는 진리입니다. 우리가 성경을 통하여 하나님 말씀에 대한 지식을 바로 알고 양식 삼으면 범사에 옳고 그름을 잘 분별할 수 있습니다. 혹 잘못한 것이 있더라도 왜 잘못했는지 깨닫고 어떤 문제라도 근본 원인을 찾아 해결할 수 있지요.

둘째로, 근신이 있어야 합니다.

근신이란 말이나 행동을 삼가고 조심하는 것입니다. 우리는 근신함으로써 더 발전할 수 있습니다. 잘못한 것을 돌아보고, 같은 잘못을 하지 않기 위해 삼가며, 보다 온전하게 행하기 위해 근신이 필요합니다. 아무리 좋은 일도 삼가 절제가 있어야 더욱 아름답게 이룰 수 있습니다. 눈앞의 현실에만 급급하지 않고 보다 멀리 내다보며 상황을 조절하고 때를 맞춘다는 것은 매우 중요합니다. 예를 들어, 충성할 때도 적절한 쉼이 있어야 지치지 않고 힘차게 나아갈 수 있듯이, 2보 전진을 위해 1보 후퇴하는 지혜도 필요한 것입니다.

셋째로, 학식이 있어야 합니다.

학식이란 지식으로 논할 수 있고, 논한 것을 행함으로 보이며, 또한 그 지식으로 모든 것을 표현하고 만들어 낼 수 있는 것을 말합니다. 즉 배운 지식을 가지고 연구하여 활용할 수 있는 능력입니다. 아무리 많이 배웠다 해도 그것을 사용하지 않으면 아무 소용이 없으며 배운 것에 걸맞게 지식을 활용할 때 진정한 가치가 있습니다.

넷째로, 모략이 있어야 합니다.

모략이란 어떤 일에 대처하기 위한 계획을 말하며, 특수한 목적을 이루기 위해서 방법을 얻는 것을 말합니다. 아브라함은 선한 마음에 모략이 있었습니다. 그래서 소돔에 살던 롯이 사로잡혀 갔을 때 가신(家臣)들을 데리고 가서 그를 구해 올 수 있었지요. 우리가 모략을 얻는 비결은 바로 하나님을 믿고 그 말씀대로 행하며 마음에 선을 이루는 것입니다. 그러면 하나님의 깊은 것까지라도 통달하시는 성령의 역사로 뛰어난 모략을 얻을 수 있습니다.

슬기로운 사람이 되려면 지식과 근신, 학식과 모략이 있어야 합니다. 이러한 것들을 얻기 위해서는 무엇보다 하나님 말씀을 열심히 양식 삼고 깨닫는 것마다 행하는 것이 중요합니다. 하나님 말씀을 아무리 많이 알아도 실천하지 않으면 소용이 없습니다. 우리는 하나님 말씀을 삶에 적용함으로 모든 일을 슬기롭게 이루어 나가야 하겠습니다.

"슬기로운 자의 지혜는 자기의 길을 아는 것이라도
미련한 자의 어리석음은 속이는 것이니라"
(잠언 14장 8절)

인생의 교과서

미국의 한 주일학교 교사가 골목길에서 놀고 있는 네 명의 어린이에게 예수 그리스도를 전했습니다. 감명을 받은 그들은 교회에 출석하여 믿음을 키워 나갔습니다. 그로부터 삼십 년 후 그 교사는 생일을 맞아 축하 전보 네 통을 받게 되었습니다. 예전에 자신이 가르쳤던 네 명의 어린이들에게서 온 것이었습니다.

놀랍게도 그들 모두 유명 인사가 되어 있었는데, 중국 선교사, 미연방정부은행 총재, 미국 대통령 비서관, 미국 대통령 후보였습니다. 그들이 교사의 생일을 기억하여 축하 전보를 보낸 것으로 보아 어릴 적 받은 가르침이 삶에 커다란 지표가 되었음을 알 수 있습니다. 삼십 년 전, 골목에서 복음을 들은 네 명의 어린이가 유명 인사가 되어 있다는 사실에 얼마나 보람되고 기뻤겠습니까?

이렇게 우리는 누구를 만나 어떤 가르침을 받느냐에 따라 삶의 방향이 크게 달라집니다. 정치사를 보아도 독재자 주변에 있는 사람들은 아첨하기 좋아하고 간사한 사람으로 변하는 것을 볼 수 있습니다. 그러나 선한 사람의 주변에는 착하고 정직한 사람들이 모여들므로 선의 열매가 가득 맺히는 것을 봅니다.

독일의 히틀러는 세계를 제패하려는 야심 때문에 수단과 방법을 가리지 않고 악을 행했습니다. 그의 말로는 자살로 끝났으며 그와 함께 했던 사람들은 재판에 회부되었고, 후대에까지 손가락질을 받고 있습니다. 반면에 우리 나라의 세종대왕은 어질고 덕이 있어 인재를 고루 등용하여 마음껏 능력을 발휘할 수 있게 해 주었지요. 그 결과, 나라가 태평성대를 누렸고 세종대왕은 오늘날까지도 성군이라 불리며 사랑과 존경을 받습니다.

그러면 우리가 참으로 가치 있고 아름다운 인생을 살기 위해서는 누구를 만나 어떤 가르침을 받아야 할까요?

학교 선생님들은 학생들이 공부할 때에 교과서 중심으로 하면 잘할 수 있다고 강조합니다. 기본이 되는 교과서의 내용을 잘 양식 삼으면 응용할 수 있는 힘이 생기기 때문입니다. 인생을 살아가면서도 크고 작은 문제들을 만나게 되는데 이를 해결할 수 있는 인생 교과서가 있습니다. 바로 성경 66권 하나님 말씀입니다.

성경에는 사람이 어디서 와서 어디로 가는지, 어떻게 하나님을 만나고 체험하며 하나님의 자녀가 되는지, 어떻게 기도하면 응답해 주시는지, 축복된 삶을 영위하려면 어떻게 해야 하는지, 질병의 원인은 무엇이며 어떻게 하면 치료받을 수 있는지, 영생과 천국은 어떻게 소유할 수 있는지 등 참으로 중요한 말씀들이 기록되어 있습니다. 그러므로 그 말씀을 바르게 깨우쳐 줄 수 있는 목자를 만나 잘 양식 삼으면 삶에 적용할 수 있고, 문제를 해결하여 성공적인 삶을 영위할 수 있습니다.

"마땅히 행할 길을 아이에게 가르치라
그리하면 늙어도 그것을 떠나지 아니하리라"
(잠언 22장 6절)

참된 지식

사람이 살아가면서 인생의 목표와 방향을 어디에 두느냐 하는 것은 매우 중요합니다. 어떤 사람은 권세와 명예를 얻기 위하여 책을 탐독하기도 하고 학문에 심취하기도 합니다. 학문은 삶에 가치를 더하고 풍성한 생활을 영위하도록 돕기 때문입니다. 의학이나 식품공학과 같이 인체와 직접적인 연관이 있는 학문이 있는가 하면, 공학이나 법학과 같이 정치, 경제, 문화 발전에 기여하는 것도 있고, 문학이나 철학과 같이 인생의 근본 원리를 추구하는 분야도 있습니다.

그런데 이러한 학문은 세상을 살아가는 데 필요한 것일 뿐 영원한 삶, 내세의 삶을 얻기 위한 지식은 아닙니다. 참으로 우리가 알아야 할 것은 사람이 어떻게 이 땅에 살게 되었으며 사람의 본분은 무엇인지, 어떻게 영생을 얻을 수 있는지에 대한 지식입니다. 사람이 태어나 먹고 마시며 살다가 죽음으로 끝이 난다면 얼마나 안타까운 일이겠습니까.

대부분의 사람은 단지 풍요로운 삶을 위하여 열심히 지식을 쌓아갑니다. 그러나 그 지식은 한계가 있어 인생의 모든 문제를 해결할 수 없고 참 생명을 주지도 못하므로 참된 지식이라 할 수 없습니다. 오직 참 생명과 영생을 얻게 하는 하나님 말씀만이 참된 지식입니다. 그러면 어떻게 해야 참된 지식을 얻을 수 있을까요?

잠언 1장 7절에 "여호와를 경외하는 것이 지식의 근본"이라 하셨으니 여호와를 경외하면 참된 지식을 얻게 됩니다. 하나님을 경외한다는 것은 악을 미워하고 하나님의 계명들을 지켜 행하는 것이며, 하나님을 전폭적으로 믿고 신뢰함으로 하나님께 나아가는 것을 말합니다. 하나님께서는 천지 만물을 창조하신 전지전능하신 분이므로 우리가 하나님을 경외하는 참된 지식을 얻으면 전혀 부족할 것이 없습니다. 하나님을 믿고 의뢰하는 사람에게는 천국과 영생은 물론 이 땅에서도 형통한 축복을 주시기 때문입니다.

당대 최고의 엘리트였던 사도 바울은 예수 그리스도에게서 이러한 지식을 발견하였기에 "모든 것을 해로 여김은 내 주 그리스도 예수를 아는 지식이 가장 고상함을 인함이라 내가 그를 위하여 모든 것을 잃어버리고 배설물로 여김은 그리스도를 얻고 그 안에서 발견되려 함이니…"라고 고백하였습니다(빌 3:8~9).

성경 안에는 하나님의 마음과 뜻이 담겨 있고, 하나님의 법이 들어 있습니다. 또한 영혼의 근본과 삶의 목적을 알려 주며, 영원한 생명과 참 자유를 얻는 길 등이 제시되어 있습니다. 그러므로 겸손한 마음으로 하나님을 경외하며 참된 지식을 얻어 그 말씀대로 행하여 영혼이 잘됨같이 범사가 잘되고 강건한 축복을 받으시기 바랍니다.

"겸손과 여호와를 경외함의 보응은 재물과 영광과 생명이니라"
(잠언 22장 4절)

미련한 사람과 총명한 사람

보통 부모가 매를 드는 것은 자녀가 잘못된 길로 갈 때 깨우쳐 주어 바른 길로 이끌기 위함입니다. 자녀가 지혜롭고 총명하다면 훈계 한 마디가 여러 대의 매보다 더한 효과를 거둘 수 있을 것입니다. 그렇지 않다면 매를 들어서라도 돌이키게 하는 것이 사랑입니다. 그런데 누군가로부터 지적이나 권면을 받을 때 깨닫지 못하거나 설령 깨우쳤다 해도 돌이키지 않는다면 참으로 미련한 일입니다.

나름대로 정도를 좇는 사람이라도 때로는 알지 못하는 가운데 그릇된 길로 갈 수 있습니다. 이때 총명한 사람은 누군가 잘못을 깨우쳐 주면 즉시 돌이켜 바른 길로 갑니다. 이렇듯 지적이나 권면의 말 한 마디에 중심에서 자신의 잘못을 돌이키는 것은 성공적인 삶을 영위하는 데 매우 중요합니다.

실수나 잘못은 누구에게나 있을 수 있습니다. 정작 중요한 것은 그 잘못을 깨달았을 때 얼마나 신속하게 돌이키는가 하는 점입니다. 진정 돌이킬 수 있는 마음이라면 어린 소자의 말이라도 옳으면 겸비하게 받아들입니다. 이런 사람에게는 말 한마디로도 큰 깨우침을 줄 수 있으니 굳이 매를 들 필요가 없습니다.

다윗과 사울 왕을 통해 미련한 사람과 총명한 사람의 차이점은 무엇인지 살펴보겠습니다.

다윗은 하나님의 지극한 사랑을 받았으나 한순간 저지른 잘못을 은폐하기 위해 충성스런 부하를 전쟁터 최전방에 내보내 죽게 만듭니다. 이에 하나님께서는 나단 선지자를 보내 다윗 왕을 책망하시지요. 그러자 다윗은 즉시 "내가 여호와께 죄를 범하였노라" 하며 자신의 죄를 회개합니다. 다윗은 총명한 사람이었으므로 나단 선지자의 책망 한마디에 깨우침을 얻어 그것을 마음 깊이 새길 수 있었습니다. 이러한 중심임을 아셨기에 하나님께서는 다윗을 "내 마음에 합한 사람"이라 칭찬하며 그를 통해 하나님의 뜻을 이루어 가셨습니다.

그러나 사울 왕은 어떠하였습니까? 전에는 겸손했던 그가 왕이 된 후 점점 교만해져 하나님 말씀도 거역합니다. 또 다윗이 왕위에 오르는 것이 하나님의 뜻인 줄 알면서도 다윗을 시기하여 죽이려 하는 등 온갖 악을 행했습니다. 자신의 죄를 지적받고도 돌이키지 않았고, 죄에 대한 징계가 왔을 때에도 교만하여 깨닫지 못하니 결국 사망의 길로 가고 말았습니다. 그러므로 우리는 하나님 보시기에 진정 총명한 사람이 되어 잘못을 지적받을 때 즉시 돌이키며, 늘 진리대로 행함으로 하나님을 기쁘시게 해야 하겠습니다.

"한마디로 총명한 자를 경계하는 것이 매 백 개로
미련한 자를 때리는 것보다 더욱 깊이 박이느니라"
(잠언 17장 10절)

가치를 아는 사람

신라 시대 김유신 장군의 누이 문희가 29대 태종무열왕 김춘추의 왕비가 된 데에는 재미있는 일화가 전해 내려옵니다. 하루는 언니가 간밤의 꿈으로 언짢아하는데, 내용인즉 산꼭대기에서 소변을 보자 끝도 없이 나와 온 땅을 채우더라는 것입니다. 언니는 꿈이 망측하여 나쁜 일이 있을 징조가 아닐까 싶었지요.

그 말을 들은 문희는 엉뚱하게도 "언니, 비단치마 줄게. 그 꿈을 내게 팔아요." 합니다. 언니와 달리 그녀는 꿈의 주인이 신라를 품을 만한 큰 인물이 되리라는 해석을 한 것입니다. 이후에 오빠 김유신의 친구인 김춘추가 찢어진 옷을 가져왔을 때 언니는 수줍어하며 피했지만 문희는 그 옷을 꿰매 줍니다. 이를 계기로 왕족인 김춘추의 사랑을 입어 자신의 꿈 해석대로 왕비의 자리에까지 올랐습니다. 꿈을 꾼 사람은 언니였지만 그것을 이룬 것은 동생이었지요.

이를 통해 문희는 생각이나 그릇이 큰 사람임을 알 수 있습니다. 꼭 그 꿈으로 인해 왕비가 된 것은 아니라 해도 사람의 생각이나 마음씀하나, 입술의 말 한마디가 얼마나 중요한지 깨달을 수 있습니다. 또한 내가 무엇을 소유했느냐가 중요한 것이 아니라 그것의 가치를 얼마나 알고 지혜롭게 활용하는지가 더욱 중요함을 시사해 줍니다.

성경에도 이를 교훈하는 사건이 있습니다. 이스라엘의 조상 야곱은 꿈이 큰 사람이었습니다. 어떻게 하면 형 에서의 장자권을 얻을 수 있을지 늘 생각하던 차에, 마침 좋은 기회가 왔습니다. 하루는 그가 부엌에서 팥죽을 끓이고 있는데, 에서가 사냥에서 돌아와 몹시 배고파하며 죽을 달라고 합니다. 그러자 야곱은 팥죽 한 그릇을 주는 대신 형의 장자권을 요구하지요.

에서는 배고픈 나머지 별 생각 없이 요구를 들어 줍니다. 그런데 그 말로 인해 야곱이 장자의 축복을 받아 이스라엘의 조상이 되었습니다. 만일 에서가 장자의 명분을 소중히 여겼다면 배고픔보다 더 절박한 상황에 놓였다 해도 이같은 경솔한 행동은 하지 않았을 것입니다.

이처럼 사람의 마음이나 생각이 어떠한지에 따라 결과가 엄청나게 달라집니다. 물론 이것을 반드시 선악의 차이라고만 할 수는 없으나 똑같은 상황과 환경에 놓여 있다 하더라도 사람마다 인생을 살아가는 방식이나 결과는 각자의 마음에 달려 있다는 것입니다. 또한 소중한 것을 아무리 많이 가지고 있을지라도 그것의 가치를 모른다면 돼지 목에 걸린 진주와 다를 바 없습니다.

마찬가지로 오늘날 예수 그리스도의 복음이 전 세계에 널리 전파되었지만, 그 말씀의 소중함을 알고 영원한 천국을 소유하는 사람은 많지 않습니다. 대부분이 대수롭잖게 여기다가 영원한 지옥에 갈 뿐입니다. 설령 천하를 얻었다 해도 구원과 영생을 얻지 못하면 아무 소용이 없으니 주님 안에서 영원한 것을 바라보며 참으로 가치 있는 삶을 영위해야 하겠습니다.

"어리석은 자는 어리석음으로 기업을 삼아도
슬기로운 자는 지식으로 면류관을 삼느니라"
(잠언 14장 18절)

안목의 중요성

중국 한나라 성제 때에 주운이라는 사람이 있었습니다. 그는 지방 말단 관리였는데 황제를 만나 이렇게 간언하였습니다.

"지금 조정의 대신들은 모두가 직위에 매달려 흰 쌀밥이나 먹으려 하고 일에는 신경을 쓰지 않으니 황제를 받들어 모실 수 없는 사람들입니다. 황제께서는 소신에게 칼 한 줄을 내리셔서 그 칼로 쓸모없는 대신들을 죽임으로 이들에게 경고를 삼게 하소서."

이 말을 들은 황제는 화가 치밀었습니다. 황제 자신이 바른 정치에는 관심이 없고 먹고 노는 무리들과 짝했기 때문에 이를 충언한 주운이 얄미웠던 것입니다. 황제는 진노하여 그를 죽이라고 명하였습니다. 즉시 좌우에 둘러서 있던 사람들이 달려들어 그를 붙들었습니다.

그러자 주운은 궁전 난간을 움켜잡고 놓지 않았습니다. 다른 사람들이 힘을 다해 그를 잡아당기자 난간은 부서지고 말았지요. 그러자 주운은 "비간(주왕의 폭정을 바로잡으려고 간언했다가 죽은 인물)과 같은 충신과 지하에서 노닐 줄은 알지만 너희들과 어울릴 줄은 알지 못한다!" 하고 외쳤습니다. 그때 갑자기 한 장수가 황제 앞으로 달려와 머리를 조아리더니 주운을 살려 달라고 했습니다.

"이 사람의 말을 들으니 이는 매우 정직한 사람입니다. 그가 한 말이 옳다면 그를 절대로 죽여서는 안 됩니다. 그 말이 사실과 다르다 할지라도 그를 포용해야 합니다. 원하옵건대 이 늙은 목숨으로 주운이라는 사람의 생명을 구할 수 있게 허락하소서."

그 장수는 자신이 정직한 데다 사람됨을 갖추었기 때문에 인물을 알아보았습니다. 차라리 자신이 죽더라도 큰 인물을 잃지 말아야겠다는 마음으로 고백한 것이지요. 그러더니 갑자기 땅에 머리를 찧기 시작하였습니다. 이내 머리가 찢어져 피가 흘렀고 이를 보고 놀란 황제는 그제야 그를 말리면서 청을 들어 주었습니다.

후에 목수가 부서진 난간을 바꾸려 할 때 황제는 그냥 보수만 하도록 지시했습니다. 교훈을 삼기 위해서였지요. 그 난간을 바라보며 다시는 훌륭한 인물을 알아보지 못하는 실수를 범치 않겠다는 것입니다. 여기서 우리는 안목의 중요성을 깨우칠 수 있습니다.

예수님의 열두 제자 중 수제자 베드로는 원래 어부였습니다. 만일 예수님께서 외모와 현실만 보셨다면 평범한 어부에 지나지 않는 그를 제자로 부를 수 없었을 것입니다. 그러나 예수님께서는 베드로의 그릇 됨됨이를 보시고 연단을 통하여 훌륭한 재목으로 만드셨습니다. 후에 그는 단번에 삼천 명을 회개시키고 죽은 자를 살리는 권능의 사도가 되었습니다.

그러므로 우리는 상대에게 아홉 가지의 단점이 있을지라도 한 가지의 장점을 살리는 안목을 길러야 하겠습니다. 부족할지라도 누구나 장점은 있게 마련이므로 실망치 않고 인내하며 기다려 줄 때 그 장점을 통해 아름다운 결실을 맺을 수 있습니다.

"노하기를 더디하는 것이 사람의 슬기요
허물을 용서하는 것이 자기의 영광이니라"
(잠언 19장 11절)

어질고 슬기로운 아내

'바보 온달과 평강 공주' 라는 옛이야기가 있습니다. 온달은 고구려의 소문난 바보였습니다. 누가 때려도 그저 웃기만 하고 어린아이들이 조롱해도 화내지 않으니 사람들은 온달을 못나고 바보스러운 사람으로 취급한 것입니다. 한편 평강 공주는 어릴 때 툭하면 울음을 터뜨리곤 하였는데, 그럴 때마다 아버지인 고구려 왕은 "자꾸 울면 바보 온달에게 시집보낸다." 고 하였습니다. 물론 딸의 울음을 그치게 하기 위해 한 말이었지만 공주의 마음에는 그 말이 깊이 새겨졌습니다.

후일 평강 공주는 시집갈 나이가 되자 부모의 반대를 무릅쓰고 온달을 찾아가 그와 결혼합니다. 그러고는 온갖 정성을 다해 학문을 가르치고 무예를 익히게 하였는데, 알고 보니 온달은 바보가 아니라 똑똑한 사람이었습니다. 단지 가난해서 배우지 못한 데다가 마음이 착해서 바보 취급을 받은 것입니다. 아내에게 글을 배우고 무예를 익힌 온달은 선한 마음에 지식과 무술을 겸비하여 고구려의 명장으로 이름을 떨칩니다.

온달의 입장에서 볼 때 평강 공주를 아내로 얻은 것은 일생의 복이자, 하늘의 은총이라 할 수 있지요. 성경을 보면 이처럼 어질고 지혜로운 여인을 얻는다는 것이 얼마나 큰 복인지 언급하고 있습니다. 잠언 31장 10절에는 "누가 현숙한 여인을 찾아 얻겠느냐 그 값은 진주보다 더하니라" 했고, 잠언 12장 4절에는 "어진 여인은 그 지아비의 면류관"이라 했습니다.

대부분의 남편들이 가장 영향을 많이 받는 대상은 항상 얼굴을 맞대고 살아가는 아내일 것입니다. 그래서 오랜 세월 함께 살아온 부부를 보면 어느 새 성격이나 취미는 물론 얼굴 생김새까지도 닮아간다고 합니다. 또한 아내의 내조에 따라 남편의 사회적인 성공과 실패가 좌우되는 경우도 많습니다. 이는 하나님께서 사람을 지으실 때 남편에게 돕는 배필로서 아내를 주셨기 때문입니다. 돕는 배필이라는 위치는 성품과 인격을 형성하는 것을 도우며 상대의 인생에 커다란 영향을 미치는 동반자라는 의미가 있습니다.

남편의 입장에서 볼 때 "내 아내는 하나님께서 주신 은총"이라 여기는 사람이 있는가 하면, 반대로 아내에게 부족한 면이 많다고 여길 사람도 있을 것입니다. 후자의 경우 어질고 지혜로운 아내로 변화시키려면 남편 자신이 먼저 하나님 앞에 아름다운 모습을 보여야 합니다. 하나님을 기쁘시게 하는 믿음을 가지고 가족을 영적인 빛으로 인도하는 가장이 되어야 하지요. 그럴 때 하나님께서는 아내와 자녀도 사랑스러운 영혼들로 변화시켜 주십니다. 물론 아내 역시 주님을 섬기듯 남편과 가족을 섬기는 것이 마땅합니다. 이처럼 하나님을 섬기는 사람들은 서로를 섬김으로 주님 안에서 아름다운 가정을 이루어 나갑니다.

"집과 재물은 조상에게서 상속하거니와
슬기로운 아내는 여호와께로서 말미암느니라"
(잠언 19장 14절)

선택의 중요성

세인들로부터 존경을 받는 수행자가 있었습니다. 그는 이쑤시개를 쓴 뒤 버리지 않고 벽에 꽂아 두었다가 다시 쓸 만큼 근검 절약하는 생활을 했다고 합니다. 그런데 하루는 방을 청소하던 아랫사람이 그것을 발견하여 무심코 버리고 말았습니다. 그 사실을 안 수행자는 불같이 화를 냈는데, 이 이야기가 세간에 전해지자 많은 사람이 그의 정신을 높이 사 더욱 그를 존경하게 되었다고 합니다.

그러나 절약하는 정신은 좋지만 진정 선한 마음을 가진 사람이라면 아랫사람이 실수를 했다 해도 혈기내고 몰아붙이는 일은 하지 않았을 것입니다. 이처럼 사람이 볼 때는 옳은 일이라도 진리에 비춰 보면 그렇지 않은 분야가 많이 있습니다. 곧 사람 편에서는 선인 것 같으나 하나님 편에서는 선이 아닌 것이 있지요. 따라서 모든 일을 바로 보며, 옳고 그름을 정확히 분별할 줄 아는 것은 매우 중요합니다.

우리의 인생은 매 순간이 선과 악, 진리와 비진리의 선택이라 할 수 있습니다. 선과 악의 분야뿐만 아니라 작게는 무엇을 먹을까, 무엇을 입을까, 크게는 무슨 직업을 택하고 누구와 결혼할까, 어떤 집을 구입할까, 자녀를 어떻게 키울까 등에 이르기까지 만족스럽고 성공적인 삶을 살기 위해 우리는 늘 무엇인가 선택해야 합니다.

요즘은 세상이 죄악으로 가득하여 사람들의 가치관이 흔들리고 악을 선으로, 불법을 의로 여기기도 합니다. 이럴 때일수록 우리는 바른 분별과 선택을 해야 하는데, 이는 어떤 선택을 하느냐에 따라 행복이 좌우되고 삶의 가치가 달라지기 때문입니다.

기업체에서는 직원을 채용할 때 면접을 합니다. 이를 통해 회사가 꼭 필요로 하는 일꾼을 뽑고자 하는 것입니다. 이는 하나님께서 사람을 쓰실 때도 마찬가지입니다. 하나님께서 정해 놓으신 기준에 맞는 사람만이 그분의 자녀로서 구원받고 축복을 받으며 일꾼으로 쓰임받을 수 있습니다.

하나님께서는 이러한 기준을 누구나 알 수 있도록 성경을 통해 가르쳐 주고 계십니다. 성경에는 선과 악이 무엇이며 어떻게 분별할 것인가, 영생을 얻는 길, 질병과 상관없이 건강하게 사는 길, 물질의 축복을 받는 길, 뛰어난 사람이 되는 길, 사랑받고 인정받는 길 등이 구체적으로 기록되어 있습니다. 그러므로 하나님 말씀인 성경을 통해 항상 바른 분별을 하며 지혜로운 선택을 하여 형통한 삶을 영위하시기 바랍니다.

"너의 행사를 여호와께 맡기라
그리하면 너의 경영하는 것이 이루리라"
(잠언 16장 3절)

화평과 기쁨을 주는 삶

사람 사이를 이간하는 것은 경우에 따라서는 무서운 결과를 초래할 수도 있습니다. 고구려는 만주와 한반도에 걸친 광대한 영토를 지배하며 중국과 겨루던 나라였습니다. 중국을 통일한 수나라나 당나라가 수십만 혹은 백만이 넘는 대군을 이끌고 침략해 왔을 때에도 물리쳤지요. 이때 큰 활약을 한 장군 중 한 사람이 연개소문이었습니다.

그런데 그가 죽은 뒤 불행한 일이 생기고 말았습니다. 연개소문의 아들들 사이의 불화로 생긴 결과인데, 그 경위를 살펴보면 참으로 어처구니가 없습니다.

연개소문의 아들 남생이 아버지의 직책을 승계하고 처음으로 여러 성을 순찰하면서 그의 아우 남건, 남산에게 내정을 맡아 보게 하였습니다. 그런데 누군가가 두 아우에게 가서 형 남생이 그들을 미워하여 제거하려는 마음이 있다고 참소하였습니다. 또 남생에게는, 두 아우들이 권력을 빼앗길까 염려하여 그를 해치려 한다고 하였습니다. 그러면서 먼저 선수를 쳐서 아우들을 없애는 게 좋겠다고 부추겼습니다.

그러자 남생은 심복으로 하여금 평양에 가서 동정을 살피게 했습니다. 그랬더니 두 아우가 심복을 잡아 돌려보내지 않고 오히려 남생을 부르는 것이었습니다. 남생은 겁에 질려 돌아오지 못하였고, 이때 남건이 군사를 일으켜 공격해 오니 그는 당나라에 구원을 청하였습니다. 그 결과 고구려가 나당 연합군에 의해 멸망하는 역사적 비극을 낳고 말았지요.

이처럼 고의적인 이간질도 있지만 전혀 악의가 없이 전한 말을 상대편에서 오해하여 멀어지게 할 수도 있습니다. 또 말이 많은 사람 중에는 자기가 듣고 아는 것을 참지 못하여 어찌하든 전하며 논하려 하는 이들이 있는데, 이런 사람이 무심코 던진 말이 상대에게는 치명적인 아픔을 줄 수도 있습니다.

그러니 좋은 말이 아니면 전하지 말고 더구나 상대의 허물을 거듭 말하는 일은 없어야 합니다. 상대의 허물을 거듭 말하는 것은 서로를 이간하는 악한 마음이기 때문입니다. 사실이 아닌 것을 그럴 듯하게 전해서 서로 감정을 갖게 하고 오해를 불러일으키는 일 또한 없어야 합니다.

잠언 17장 28절에 "미련한 자라도 잠잠하면 지혜로운 자로 여기우고 그 입술을 닫히면 슬기로운 자로 여기우느니라" 말씀합니다. 그러므로 진실만을 말하되 불필요한 말은 삼가고 상대에게 유익이 되는 말만 하여 화평과 기쁨을 주는 사람이 되어야겠습니다.

"허물을 덮어 주는 자는 사랑을 구하는 자요
그것을 거듭 말하는 자는 친한 벗을 이간하는 자니라"
(잠언 17장 9절)

Part 4

때에 맞는 말과 행동

Words and Deeds in Accordance with Situations

때에 맞는 말과 행동 | 경솔한 판단은 어리석음의 첩경
충신을 얻으려면 | 감동을 주는 말
마음을 지키려면 | 긍정적인 고백의 중요성 | 행함의 중요성

"자신이 하는 한마디 말이
상대에게 은혜를 끼치고
행동 하나하나가
상대에게 유익을 줄 수 있다면
금보다 더한 가치가 있는 것입니다."

Words and Deeds in Accordance with Situations

때에 맞는 말과 행동

말은 사람의 마음을 소리로 알려 주고 서로를 이어 주는 의사소통의 수단입니다. 그런데 '말이 많으면 쓸 말이 적다'는 속담이 있습니다. 말을 많이 하면 오히려 효과가 적다는 뜻으로, 말을 얼마나 가치 있게 사용해야 하는지 깨우쳐 줍니다. 말의 중요성은 아무리 강조해도 지나치지 않을 만큼 삶 가운데 말로 인하여 행복과 불행이 좌우되는 경우가 많습니다. 똑같은 상황에서도 말로써 상대를 기쁘게도 하고 슬프게도 하며, 웃게 하기도 하고 노하게도 할 수 있지요.

지혜로운 사람은 자신이 나서야 할 때와 그렇지 않을 때를 분별할 줄 알므로 상대의 말을 가로막거나 감정을 상하게 하는 경솔함이 없습니다. 한마디를 하더라도 그 말이 상대에게 어떤 영향을 미칠 것인지 생각하면서 신중하게 하는 것입니다. 나아가 선한 사람은 마음에 거짓과 악이 없으므로 깊이 생각하지 않아도 저절로 선한 말, 사랑의 말이 나옵니다. 행동도 마찬가지입니다.

하고 싶은 말을 거침없이 하고 생각한 바를 즉시 행동으로 옮기는 모습이 용감해 보일지 모르나, 그것이 온전치 않을 때에는 차라리 아니함만 못합니다. 반면 자신이 하는 한마디의 말이 상대에게 은혜를 끼치고, 행동 하나하나가 상대에게 유익을 줄 수 있다면 참으로 금보다 더한 가치가 있는 것입니다. 그러면 가치 있는 말과 행동을 하려면 어떻게 해야 할까요?

항상 때를 맞출 줄 알아야 합니다. 모든 일에는 흐름이 있으므로 주변 상황과 여건은 시시각각 변합니다. 이를 무시한 채 하는 말이나 행동은 아무리 아름답고 뛰어날지라도 진가를 발휘할 수 없습니다. 그러므로 선하고 긍정적인 말을 하되 아울러 때를 맞추어 말하는 지혜가 필요합니다. 그렇다고 해서 때를 맞춘다는 것이 순간의 어려움이나 불이익을 모면하기 위해 타협하거나 뒤로 물러서라는 의미는 아닙니다. 그것은 자신의 유익을 좇아 변개하는 간사한 마음일 뿐입니다.

조선 시대의 황희 정승은 왕 앞에 바른말을 하다가 수차례 벼슬이 강등된 적도 있다고 합니다. 한 번은 태자를 바꾸려고 하는 태종에게 옳지 못하다고 간언하다가 평민이 되어 귀양을 갔습니다. 하지만 귀양을 보낸 태종도 황희만큼 바른 사람이 없음을 인정했다고 합니다. 그는 세종 때에 복직되어 87세에 이르기까지 명정승으로 나라를 훌륭히 다스렸습니다.

다니엘의 세 친구도 생명의 위협에 굴하지 않고 바른 행동과 바른 말을 했습니다. 유대인으로서 바벨론에 포로로 잡혀온 그들은 느부갓네살 왕이 세운 금신상에 절할 것을 요구하자 "왕이여 우리가 섬기는 우리 하나님이 우리를 극렬히 타는 풀무 가운데서 능히 건져내시겠고 왕의 손에서도 건져내시리이다 그리 아니하실지라도 왕이여 우리가 왕의 신들을 섬기지도 아니하고 왕의 세우신 금신상에게 절하지도 아니할 줄을 아옵소서"라고 담대하게 고백합니다. 그들이 정도를 좇으니 하나님께서는 더 존귀한 자로 높여 주셨습니다. 이처럼 비진리와 타협하지 않되 항상 선한 말, 때에 맞는 아름다운 말을 해야겠습니다.

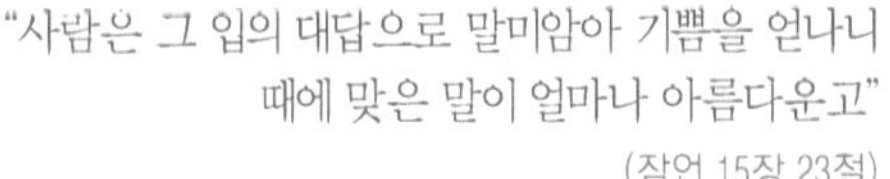

"사람은 그 입의 대답으로 말미암아 기쁨을 얻나니
때에 맞은 말이 얼마나 아름다운고"
(잠언 15장 23절)

경솔한 판단은 어리석음의 첩경

어떤 교회에 목사님이 술을 마셨다는 소문이 퍼졌습니다. 알고 보니 소문은 사실과 전혀 달랐습니다. 목사님이 오랜만에 옛 친구를 만났는데, 아직 주님을 영접하지 않은 친구라 음료수를 따라 마시며 분위기를 맞춰 준 것입니다. "한 잔 마셔.", "한 잔 더 해." 하면서 주거니 받거니 대화가 무르익었는데 마침 성도 한 사람이 사택에 들렀다가 문밖에서 그 소리를 들었지요. 단지 대화만 듣고서 '우리 목사님이 술을 드시는구나.' 판단하고 소문을 낸 것입니다.

소문은 꼬리에 꼬리를 물고 퍼져 나갔습니다. 나중에 사실이 밝혀졌을 때 성급하게 판단하여 소문을 낸 사람은 얼마나 민망했을까요? 또 남의 말만 듣고 판단하여 함께 수군거린 사람들 역시 참으로 죄송했을 것입니다. 이처럼 판단하고 정죄하는 비진리의 모습이 얼마나 어리석은지 깨달아 신속히 버려야 합니다. 그렇지 않으면 무심결에 성급하게 판단하고 행동하여 상대를 곤경에 빠뜨릴 수 있습니다. 하나님께서는 잠언 18장 13절에 "사연을 듣기 전에 대답하는 자는 미련하여 욕을 당하느니라" 말씀하십니다. 어떤 일의 경위를 파악하기 전에 자기 생각대로 판단해서 행동하는 사람은 큰 수치를 겪게 된다는 뜻입니다.

이런 일은 주변에서 쉽게 볼 수 있습니다. 대화 중에 다른 사람의 말을 자르고 자기 생각에 맞추어 아는 척하다가 부끄러움을 당하는 경우가 있지요. 또 다른 사람에 대한 어떤 말을 들을 때 평소 가지고 있던 생각과 감정으로 그를 비방하고 험담하다가 사실이 밝혀진 뒤 부끄러움과 수치를 당하기도 합니다.

예를 들어, 평소 김 집사에 대해 좋지 않은 감정과 선입견을 가진 사람이 다른 사람에게서 "김 집사가 지각을 했답니다." 하는 말을 들었다고 합시다. 그 말을 듣자마자 "그럴 줄 알았어. 그 사람은 게으르고 무책임하니까." 하고 비방했는데, 말을 전하는 사람이 "그게 아니라 집안에 급한 일이 있었대요." 한다면 얼마나 민망하겠습니까.

자신에게 상대를 판단하고 미워하는 마음이 있다는 사실이 드러나는 것이지요. 따라서 상대의 말을 끝까지 듣는 것이 지혜입니다. 야고보서 1장 19절에 "사람마다 듣기는 속히 하고 말하기는 더디 하며 성내기도 더디 하라" 말씀합니다. 여기서 "성내기도 더디 하라"는 말은 참았다가 성내라는 뜻이 아니라 이해하고 용서하려다 보면 성내는 마음이 없어지게 된다는 것입니다.

선한 마음을 가진 사람이라면 상대의 말만 듣고 선불리 판단하는 어리석음을 범치 않을 것입니다. 설령 성급하게 판단했다 해도 그 역시 선한 쪽으로만 생각하기 때문에 결코 상대에게 피해를 주는 일은 없습니다. 이처럼 어떤 상황에서도 선으로 대하는 것이 하나님의 자녀 된 바른 모습입니다.

Words and Deeds in Accordance with Situations

"사연을 듣기 전에 대답하는 자는 미련하여 욕을 당하느니라"
(잠언 18장 13절)

충신을 얻으려면

중국 한나라에 성격이 급하고 칭찬 듣기를 좋아하는 왕이 있었다고 합니다. 하루는 왕이 신하들을 불러 "내가 성군인가, 아닌가?" 하고 물었습니다. 그러자 신하들은 왕의 불같은 성격을 아는지라 한결같이 "성군이십니다. 어진 임금이십니다." 하고 대답했습니다. 그런데 그중에 담대한 신하 한 사람이 "전에 이런저런 일로 잘못하신 것이 있기 때문에 성군이 못되십니다." 하는 것입니다. 이 말을 들은 왕은 자존심이 상해 군사들을 시켜 그를 끌어내고 말았습니다.

모두가 두려워서 왕의 눈치만 보고 있는데 갑자기 다른 신하가 나서 "실로 인자한 성군이십니다." 하고 칭찬을 합니다. 이미 기분이 상해 버린 왕은 그를 노려보면서 "방금 나간 자는 내가 잘못했다고 하는데 그대는 왜 나를 성군이라 하는가?" 하고 물었습니다. 이때 지혜로운 답변으로 왕의 마음을 움직이지 못한다면 그도 해를 입을 상황이었습니다. 과연 무엇이라 답했을까요?

"예로부터 어진 임금에게는 바른말을 하는 신하가 있다고 했습니다. 그런데 조금 전에 바른말을 하던 신하가 있는 것을 보니 성군이 분명하십니다."

이 말을 들은 왕은 깨우침을 얻어 두 신하에게 큰 상을 주었다고 합니다. 사람은 대부분 자신의 공로나 장점을 인정받고 칭찬받기 원합니다. 만일 그가 왕이라면 사람들에게서 '인자한 왕'이라는 말을 듣고 싶어할 것입니다. 이러한 마음이 지나치면 충신들의 바른말을 듣기 싫어하고 멀리하게 됩니다. 주변에는 아첨하는 신하들만 남습니다. 그러나 간신들은 왕이 어려움에 처하면 외면하고 해를 끼칩니다. 반대로 충성된 신하는 마음이 굳건하여 진리를 말하며 옳은 것에 대해서만 옳다고 말합니다.

그러면 누가 이러한 충신을 얻을 수 있을까요? 자신의 잘못을 아랫사람들 앞에서 인정해야 한다 해도 기꺼이 상대의 권면과 지적을 받아들일 수 있어야 합니다. 또한 사랑과 덕이 있는 사람, 낮아지기를 원하는 사람, 섬길 수 있는 사람이어야 하지요. 진실은 서로 통하기 때문에 이런 사람에게는 주변에 생명이라도 줄 수 있는 충성된 벗들이 모입니다.

비단 임금과 신하와의 관계에서뿐만 아니라 직장에서 상사와 직원 간의 관계, 동료 사이에서도 마찬가지입니다. 내가 윗사람이라 해도 교만하거나 뽐내지 않고 섬기고자 한다면 얼마나 화평하겠습니까? 같은 일을 해도 생기가 넘치고 마음이 즐거우니 매사가 잘 풀릴 것입니다. 그러므로 피차간에 무엇을 말할 때나 권면할 때에도 오직 상대를 사랑하고 섬기는 마음 자세가 되어야 합니다. 그럴 때 조직과 질서가 아름답게 이루어질 수 있습니다.

Words and Deeds in Accordance with Situations 

"많은 사람은 각기 자기의 인자함을 자랑하나니
충성된 자를 누가 만날 수 있으랴"
(잠언 20장 6절)

감동을 주는 말

중국 후한 말에 진식이라는 사람이 태구 현(縣)을 맡아 다스릴 때였습니다. 그는 성품이 교만하지 않고 남의 괴로움을 잘 짐작하여 일을 처리하였을 뿐 아니라 매사에 공정하여 사람들로부터 신망이 두터웠습니다. 어느 날, 한밤중에 도둑이 그의 집에 숨어들어 대들보 위로 올라가는 것을 보았습니다. 여느 사람 같으면 당장 도둑 잡으라고 소리쳤겠지만, 그는 못 본 척 시치미를 떼고 아들들과 손자들을 불러 모았습니다. 그러고는 이렇게 말합니다.

"대저 사람이란 스스로 노력해서 벌지 않으면 안 된다. 사람들이 다 비웃는 도둑이라도 처음부터 그랬겠느냐. 다만 자기를 다스리지 못해 그런 것이지. 그러나 그것이 되풀이되면 결국 부끄러움을 당한다는 것을 명심해라. 이를테면 지금 대들보 위에서 우리를 내려다보는 저 군자도 그런 경우라고 할 수 있지."

숨죽이며 듣던 도둑은 너무 놀라 '쿵' 하고 떨어지고 말았습니다. 방바닥에 엎드려 죽을 죄를 지었노라고 빌었습니다. 진식은 그를 잠시 살펴본 후 "자네 행색을 보니 도둑이라고는 생각되지 않네. 필시 집안이 가난해서 그리된 것이겠지." 하며 비단 두 필을 주어 보냈습니다.

그 소문이 인근에 퍼지면서 진식이 다스리는 현에서는 도둑이 사라졌다고 합니다. 우리는 진식의 모습에서 선한 말이 얼마나 상대에게 감동을 주며 삶 자체를 변화시키는지 깨달을 수 있습니다. 그러면 선한 말, 사랑의 말, 긍정적인 말이 얼마나 놀라운 결과를 가져오는지 성경 마태복음 8장에 나오는 백부장을 통해 살펴보겠습니다.

백부장은 당시 이스라엘을 다스리던 로마의 군병 100명을 거느린 사람입니다. 그에게는 중풍병으로 고통받는 하인이 있었습니다. 비록 하인이지만 백부장은 그를 사랑하여 병을 고쳐 주려고 예수님 앞에 나옵니다. 예수님께서는 그 마음을 보고 직접 가서 치료해 주려 하셨습니다.

그런데 백부장은 "주여, 내 집에 들어오심을 나는 감당치 못하겠사오니 다만 말씀으로만 하옵소서 그러면 내 하인이 낫겠삽나이다." 하는 것이었습니다. 이 말에는 "당신은 귀하신 분이기에 감히 제 집에 오시는 것을 감당치 못하겠습니다." 하는 겸손함과 "당신은 하나님이 보내신 분이기에 말씀으로만 하신다 해도 하인이 나을 줄 믿습니다." 하는 대단한 믿음이 담겨 있습니다. 예수님은 이러한 백부장의 고백을 칭찬하시고 그 믿음대로 하인을 즉시 치료해 주셨습니다.

이처럼 선에서 우러나는 감동적인 말은 참으로 아름답고 놀라운 결과를 가져옵니다. 우리는 살면서 많은 말을 합니다. 선한 말로 상대에게 힘과 위로를 주고 삶을 변화시킬 수도 있지만 한마디의 실수로 돌이킬 수 없는 상처나 오해를 낳는 경우도 있습니다. 그러므로 항상 상대의 마음을 헤아리고 상대의 입장에서 이해하며 감동을 주는 말을 해야겠습니다.

Words and Deeds in Accordance with Situations

"선한 말은 꿀송이 같아서
마음에 달고 뼈에 양약이 되느니라"
(잠언 16장 24절)

마음을 지키려면

누구나 한 번쯤은 실수나 잘못을 저지른 경험이 있을 것입니다. 그런데 잘못을 한 후에 어떤 태도를 취하느냐에 따라 더 발전적인 결과를 맺기도 하고 그 반대가 되기도 합니다.

한 스승과 제자들 사이에 있었던 일입니다. 어느 날 스승과 제자들이 시장을 지나가는데 사람들이 이들을 오해해서 시비가 붙었습니다. 제자들은 시비에 말려들어 이내 격분했으나 스승은 아무런 동요도 하지 않았습니다. 집으로 돌아온 제자들은 이유 없이 비난받은 것이 억울하여 흥분을 감추지 못합니다. 그러자 스승은 벽장 안에서 자신을 근거 없이 비난한 내용이 담긴 커다란 편지 뭉치를 꺼내 보여 줍니다.

“나도 너희들과 다름없이 남들로부터 오해받는 것을 피할 도리가 없다. 그러나 오해를 받는다 해도 나는 전혀 개의치 않는다. 그렇게 함으로써 내게 다가오는 첫 번째 더러움은 어찌할 수 없더라도 두 번째 더러움을 뒤집어쓰는 어리석음은 면할 수 있지. 내 마음은 지금 맑고 고요하다."

여기에서 스승이 말한 첫 번째 더러움이란 다른 사람들의 입에 오르내리는 것을 의미합니다. 그리고 두 번째 더러움이란 그 일 때문에 서로의 마음이 불편해지고 동요되며 시비를 가리고자 다투는 것을 의미하지요. 우리가 이러한 스승의 마음을 갖는다면 큰 일에든 작은 일에든 쉽게 동요하지 않고 마음을 지킬 수 있으니 항상 평안할 것입니다.

진정 마음을 지킬 줄 아는 사람은 모든 것을 절제하며 자신을 지킬 수 있습니다. 미움, 시기, 질투 등 모든 악을 버리고 진리로 마음을 채우는 만큼 평안해지고 하나님의 사랑을 받습니다. 그러면 온전한 차원에 이르기 위해서는 마음을 어떻게 지켜야 할까요?

무엇보다 자신의 입으로 낸 말을 지켜야 합니다. 일반적으로 말이 많으면 실수가 많습니다. 말이란 한 번 내면 주워 담을 수도 지울 수도 없습니다. 그러니 말 한마디에 신중해야 하며, 일단 낸 말에 대해서는 책임을 져야 합니다.

또한 마음먹은 바를 속히 이행해야 합니다. 말에 대해서 어느 정도 책임의식을 갖는 사람이라도 마음에 결심한 바는 차일피일 미루며 더디 행하고, 아예 잊어버리는 경우가 많습니다. 그러나 참으로 진실한 사람은 자신과의 약속도 반드시 지켜 행합니다.

그리고 마음에 변개함이 없어야 합니다. 누구에게든 변함없고 진실한 마음으로 대하며, 한 번 받은 은혜를 저버리지 않고, 맡은 사명을 성실하고 충성스럽게 감당해야 합니다. 하나님께서도 달면 삼키고 쓰면 뱉는 사람이 아니라 마음을 정하였으면 변개치 않는 진실한 사람을 사랑하고 축복하십니다.

Words and Deeds in Accordance with Situations 

"무릇 지킬 만한 것보다 더욱 네 마음을 지키라
생명의 근원이 이에서 남이니라"
(잠언 4장 23절)

긍정적인 고백의 중요성

어려운 일을 만날 때 자신의 처지를 비관하여 자포자기하는 사람이 있습니다. 그런가 하면 오히려 역경을 축복의 계기로 바꾸는 사람도 있지요. 따라서 중요한 것은 당면한 일에 대한 마음가짐으로 이에 따라 결과가 엄청나게 달라집니다. 마찬가지로 신앙 안에서도 긍정적인 사고와 믿음의 고백은 매우 중요합니다.

저도 하나님을 믿기 전에는 나름대로 어떤 감정이나 생각 속에서 이런저런 말을 하며 살았습니다. 그 안에는 '좋다, 나쁘다, 기쁘다, 슬프다, 쉽다, 어렵다' 등 각종 긍정적인 말들과 부정적인 말들이 섞여 있었습니다. 살다 보면 아무래도 좋은 일보다는 좋지 않은 일이 더 많기 때문에 부정적인 말이 대부분이었습니다.

그러나 살아 계신 하나님을 만난 후 성경 말씀을 통해 부정적인 사고나 부정적인 입술의 고백이 얼마나 무익하고 허망한지 알게 되었고, 모든 일이 입술로 시인하는 대로 이뤄진다는 귀중한 교훈을 얻었습니다. 그후로 저는 항상 주 안에서 긍정적인 고백을 했습니다. 그 고백대로 하나님께서 보장하시니 하나님 나라를 창대히 이룰 수 있었습니다.

일례로, 교회를 개척할 당시 성전은 건물 2층을 임대하여 25평도 채 안 되는 조그만 공간이었습니다. 성도도 아이를 제외하고 10명도 안 되었지만 그때부터 저는 세계 선교를 이룰 것이라는 믿음의 고백을 했습니다. 과연 오늘날 9천여 개 지교회를 가진 큰 교회로 성장하여 전 성도가 한마음 한뜻이 되어 세계 선교를 창대하게 이루고 있습니다.

제가 신학교 4학년 때 교회 개척을 준비하자 주변 사람들이 만류하였습니다. 교회를 개척하면 수년간 고생한다는 것이 고정관념처럼 되어 있었기 때문에 "교회를 개척하여 이룬다는 것이 얼마나 힘들고 고통스러운지 아느냐?"며 만류했지요. 하지만 저는 전지전능하신 하나님을 중심에서 믿었기 때문에 "어렵지 않습니다. 하나님께서 형통하게 인도하실 것이고 수많은 영혼을 구원의 길로 인도할 것입니다." 하고 담대히 믿음의 고백을 하였습니다.

혹 누군가 부정적인 말을 해도 그 말이 제 귀에는 조금도 들어오지 않았고 긍정적인 마음과 생각뿐이었습니다. 기도하면서 항상 믿음의 고백을 했더니 과연 하나님께서는 아무것도 없는 무에서 유가 창조되는 놀라운 역사를 베푸셨습니다. 지금은 세계적인 대교회로 성장하여 하나님께 영광 돌리고 있으니 얼마나 기쁘고 감사한 일인지요.

이처럼 믿음은 보배와 같아서 참 믿음을 소유하면 삶 가운데 빛을 발하게 됩니다. 하나님께서는 아무것도 없는 무에서 유를 창조하실 수 있는 분임을 우리가 믿는다면 어떠한 난관에 부딪힌다 해도 긍정적인 고백을 할 수 있습니다. 그럴 때 그 믿음대로 하나님께서 함께하시고, 설령 사망의 음침한 골짜기로 다닐지라도 지키시며 형통한 길로 인도하십니다.

Words and Deeds in Accordance with Situations 

"사람은 입에서 나오는 열매로 하여 배가 부르게 되나니
곧 그 입술에서 나는 것으로 하여 만족하게 되느니라"
(잠언 18장 20절)

행함의 중요성

사람들로부터 존경을 받는 현인이 있었습니다. 어느 날 한 나그네가 그의 소문을 듣고 찾아와 "당신이 깨달은 도란 무엇입니까?"라고 물었습니다. 그러자 현인은 "모든 선한 일은 하고 모든 악한 일은 하지 않는 것입니다." 하고 대답했습니다. 너무도 단순하고 뻔한 대답에 실망한 나그네는 "그건 세 살 먹은 어린애라도 압니다." 하며 비꼬는 투의 말을 던졌습니다. 이에 현인은 "그러나 팔십 먹은 노인도 행하지 못한답니다." 하고 깨우쳐 주었다고 합니다.

사람들은 대부분 어릴 때부터 좋은 것을 가르침 받습니다. 부모나 스승으로부터 "착하게 살아라.", "저런 것은 나쁜 일이니 하지 말아라.", "효도해야 한다.", "서로 도와주어야 한다." 등 선에 대해 늘 듣고 배우며 성장합니다. 그런데 똑같은 것을 보고 배웠다 해도 장성한

뒤 사람들의 모습은 각양각색입니다. 누가 더 좋은 대학에 들어갔느냐, 누가 더 부와 명예를 얻었느냐를 떠나서, 갖추어진 인격의 모습이 다르다는 것이지요.

비록 가진 것이 없고 배움이 적다 해도 듣고 깨우친 바를 행하여 정직하게 산다면 그에게서는 훌륭한 인품을 느낄 수 있습니다. 그와 함께하는 자체가 산 가르침이 될 것입니다. 그러나 만인이 부러워하는 권세와 명예를 얻었다 한들 마음이 불의와 불법으로 가득하다면 선한 사람은 곁에 있는 것조차 힘이 듭니다. 마음이 선한 사람은 좋은 것, 기쁜 것, 아름다운 것만을 보고 듣기 원하기 때문입니다.

그런데 마음이 아무리 선하고 아름다워도 눈으로는 그 속을 들여다볼 수 없으니 표현하지 않는 한 상대를 기쁘게 할 수 없습니다. 가령, 보고 싶은 친구를 아주 오랜만에 만났다고 합시다. 이때 '저 친구는 말하지 않아도 내가 얼마나 보고 싶어했는지 다 알거야.' 하고 반가운 표현조차 절제한다면 과연 그가 마음을 이해할까요?

그보다는 반갑게 달려가서 포옹하며 맞을 때 서로의 마음이 확인되며 더 기쁨이 넘치는 것입니다. 누군가에게 감사해야 할 일이 생겼을 때에도 속으로만 고맙게 생각할 것이 아니라 작은 정성이라도 행함으로 표현할 때 온전한 감사라 할 수 있습니다.

신앙생활도 마찬가지입니다. 하나님 말씀을 많이 듣고 안다 해도 말씀대로 행하지 않으면 소용이 없으며, 참 믿음이라 할 수 없습니다. 오늘날 많은 사람이 하나님을 믿는다고 말합니다. 하지만 하나님께서는 행함이 없는 믿음은 죽은 믿음이라 말씀하셨습니다(약 2:17). 10년, 20년 교회를 다녔다고 해서 구원받는 것이 아니라 말씀대로 행하는 산 믿음을 소유해야 하나님을 기쁘시게 하며 구원받을 수 있습니다.

Words and Deeds in Accordance with Situations

"내 아들아 나의 법을 잊어버리지 말고
네 마음으로 나의 명령을 지키라"
(잠언 3장 1절)

Part 5

정직한 사람의 대로

The Highway of the Upright

정직하게 살자 | 정직한 사람의 대로
공명정대한 마음 | 근면, 성실, 인내
성실의 열매 | 그리 아니하실지라도 | 변함없는 마음

"어느 시대, 어떤 곳에서든
하나님 보시기에 정직한 사람은
탄탄대로와 같이 형통합니다.
정직이란 바른 길을 제시하는 하나님 말씀을
명심하여 그대로 행하는 것입니다."

정직하게 살자

복잡다단한 세상을 살아가는 우리는 때때로 자신을 돌아보며 정리할 시간이 필요합니다. 혹자는 생존경쟁이 치열한 현대 사회에서 살아남으려면 적당히 속일 줄도 알고, 큰소리칠 때도 있어야 한다고 말합니다. 이런 사람의 눈에는 항상 정도를 좇아 정직하게 사는 사람이 어리석게 보입니다. 그러나 하나님께서는 정직한 사람에게 은혜를 주시며 행한 대로 갚아 주시기에 참으로 가치 있는 삶이 어떤 것인지 깨우쳐 바르게 살아야 합니다.

어느 마을에 마음이 착하고 정직한 젊은이가 있었습니다. 가난하게 살던 그가 하루는 빵 가게에서 사 온 빵을 먹다가 그 속에 금화가 들어 있는 것을 발견하였습니다. 젊은이는 즉시 금화를 가지고 가게로 달려가 주인 할아버지에게 그 사실을 전했습니다. 뜻밖에도 주인 할아버지는 "그럴 리가 없는데…." 하며 고개를 갸우뚱합니다. 젊은이가 계속 빵 속에서 금화가 나왔다고 주장하자 그제야 할아버지는 빙그레 웃는 것입니다.

"금화는 자네가 갖도록 하게. 젊은이, 보다시피 나는 이제 늙어서 일을 할 수 없을 것 같았다네. 그런데 내게는 아내도, 자식도 없어서 그동안 모아 둔 재산과 빵 가게를 누구에게 줄 것인지 고민이었지. 생각다 못해 빵 속에 금화를 하나씩 넣어 보기로 하였네. 빵 속에 금화 넣기를 여러 달 하였지만 지금까지 금화를 가지고 온 사람이 없었어. 오늘에서야 자네가 금화를 가지고 왔으니 자네야말로 정직한 사람일세. 젊은이, 오늘부터 빵 가게는 자네 것이네."

할아버지는 흐뭇한 표정으로 젊은이의 어깨를 두드려 주었습니다. 상대를 속이며 사는 것이 지혜로워 보일지 모르지만 사실은 어리석은 일입니다. 누구라도 금화를 발견한 즉시 주인에게 가져다주었다면 많은 재산을 얻었을 것입니다. 그러나 정직하지 못하고 탐내는 마음이 있기 때문에 더 큰 축복을 놓친 것이지요.

오늘날 속이지 않고 정직하게 살면 바보 취급당하는 것 같고 손해 보는 것 같아서 속이며 사는 사람도 있습니다. 처음에는 양심의 가책을 받아 떨리기도 하지만 몇 번 속고 속이다 보면 점점 양심이 무디어져 속이는 것이 당연한 일 같습니다. 그러나 진정 바른 사람은 모두가 부정직하게 살더라도 그런 것에 유혹되거나 휩쓸리지 않습니다. 자신이 해를 입더라도 정도에서 벗어난 일은 결코 하지 않는 것입니다. 이렇게 정직한 사람이 있으므로 어두운 사회가 밝아지고 더 아름답고 질서 있게 변하는 것입니다.

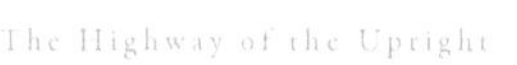

"정직한 자는 그 의로 인하여 구원을 얻으려니와
사특한 자는 자기의 악에 잡히리라"
(잠언 11장 6절)

정직한 사람의 대로

하늘을 우러러 한 점 부끄럼 없이 살기를 원했던 어느 시인의 시(詩)가 무색할 만큼 정직한 사람을 찾기 힘든 세상이 되었습니다. 많은 사람이 눈앞의 이익에 집착하고 현실에만 급급하다 보니 온갖 불의와 불법을 행하고 멸망의 길로 빠져듭니다.

그러나 어느 시대, 어떤 곳에서든 하나님 보시기에 정직하게 행하는 사람은 탄탄대로와 같이 형통합니다. 여기서 정직이란 '바른길을 곧게 가는 것'으로서, 우리에게 바른길을 제시해 주는 하나님 말씀을 명심하여 그대로 행해 나가는 것을 말합니다.

정직은 세 가지로 살펴볼 수 있는데, 첫째는 자신의 잘못을 부끄럽게 여기는 것이 아니라 솔직하게 인정하고 회개할 줄 아는 것입니다. 둘째는 어떤 일에 관하여 선악 간에 분별이 될 때 담대하게 선을 선택하는 것입니다. 셋째는 자기에게 유익이 없고 해로울지라도 성실하게, 거짓 없이 행하는 것을 말합니다.

믿음의 조상 아브라함은 정직하여 범사에 자신의 유익을 취하지 않고 정도(正道)만을 걸었습니다. 그렇기 때문에 그가 어떠한 환경에 처할지라도 하나님께서 합력하여 선을 이루어 주셨습니다. 또한 아브라함은 연단을 통해 '하나님의 벗'이라 불릴 만큼 모든 면에서 온전해졌기에 범사에 형통한 축복을 받았습니다.

반면에 정직하지 못한 사람은 어떻습니까? 이런 사람은 오직 자기 유익만을 추구하니 자기 중심적인 삶을 살 수밖에 없지요. 그러다 보면 어떤 일을 만났을 때 불의와 연합해서라도 자신에게 유리한 쪽을 택합니다. 그 예로는 민수기 22~24장에 나오는 발람을 들 수 있습니다.

발람은 재물에 눈이 어두워 하나님과 이스라엘 민족을 배반했습니다. 그는 모압 왕 발락이 이스라엘 백성을 저주해 달라는 부탁을 하자, 처음엔 거절했습니다. 그러나 발락이 금은 보화를 가득 보내며 재차 부탁하니 하나님 뜻이 아님을 알면서도 길을 나섭니다.

발락에게 가는 도중에 하나님께서 나귀의 입을 열어 경고하십니다. 이에 발람은 순간 회개하는 것 같았으나 결국 악한 꾀를 발락에게 가르쳐 주어 이스라엘 백성이 타락의 길로 빠지게 만듭니다(계 2:14). 불의의 삯을 사랑하여 하나님의 뜻을 저버림으로 용서받을 수 없는 죄에

이른 것입니다(벧후 2:15).

이처럼 눈앞의 이익에 집착하고 현실에만 급급하다 보면 자칫 악에 동조하는 어리석음을 행하게 됩니다. 결국 자신의 영혼마저도 지킴받을 수 없는 불행한 상황에까지 이를 수 있지요. 악을 행한 결과는 반드시 공의의 하나님 앞에 심판을 받기 때문입니다. 그러나 악에서 떠나 정직한 길을 걷는 사람은 하나님께서 그 영혼을 지켜 주신다고 약속하셨습니다. 그러므로 오직 선을 행하며 정직의 대로를 걸어 하나님께서 약속하신 축복을 마음껏 누려야 하겠습니다.

"악을 떠나는 것은 정직한 사람의 대로니
그 길을 지키는 자는 자기의 영혼을 보전하느니라"
(잠언 16장 17절)

공명정대한 마음

고려 말 명장 최영은 청렴결백한 사람으로서 오늘날에도 큰 귀감이 됩니다. 그는 '황금 보기를 돌같이 하라'는 아버지의 유언을 삶의 지표로 삼았습니다. 명문가의 후손이었지만 생활이 검소하였고 인품이 강직했지요.

어느 날, 안덕인이 살인죄로 잡히자 사건을 맡은 사헌부는 매우 난처해졌습니다. 안덕인이 최영 장군의 사위였기 때문입니다. 그래서 사헌부에서는 장군이 관할하는 순위보로 이 사건을 넘기고자 했습니다. 그 소식을 들은 최영 장군은 격노하면서 죄인을 다시 사헌부로 넘길 것을 명합니다. "죄인이 비록 내 사위이지만 그것으로 인해 죄가 가벼워질 수는 없다. 엄히 다스려 후세에 경계하도록 하라." 하였습니다. 사사로운 관계에 매이지 않고 일을 공명정대히 처리한 것입니다.

우리는 어떻습니까? 내 아내나 남편이기 때문에, 내 자녀나 형제이기 때문에, 또는 나와 어떤 관계가 있는 사람이기 때문에 편벽되이 행하지는 않습니까? 혹 좋은 자리가 있을 때 가장 합당한 사람을 찾지 않고 가족이나 친척, 가까운 사람을 채용한다면 작은 그릇입니다. 하나님께서는 우리가 좌로나 우로나 치우치지 않고 정확하게 옳고 그름을 분별하기를 원하십니다. 사람 보기에가 아니라 하나님 앞에 누가 더 합당하며, 무엇이 더 옳은지 살펴야 하는 것입니다.

특히 '나라를 위해서 누가 대통령이 되어야 할 것인가, 국민을 위해서 누가 장관이 되고 국회의원이 되어야 할 것인가, 지역을 위해서 누가 자치단체장이 되어야 할 것인가' 결정할 때 조금도 치우침이 없는 공명정대한 마음으로 보아야 합니다. 한 나라의 임금은 어떤 신하를 만나느냐에 따라 천하를 얻을 수도 있고 반대로 나라가 기울 수도 있습니다.

공명정대한 마음으로 나라를 바로 서게 한 사람으로는 이스라엘의 아사 왕을 들 수 있습니다. 열왕기상 15장을 보면 아사 왕은 모친 마아가가 가증한 우상을 만들어 섬기자 태후의 위를 폐하고 그 우상을 찍어서 기드론 시냇가에서 불살랐습니다. 비록 어머니였지만 하나님의 뜻에 어긋나게 행하여 우상을 섬겼기 때문입니다. 이는 어머니를 버렸다는 것이 아니라 직위를 폐했다는 것입니다.

만일 어머니를 그 직위에 두었다가는 결국 사망의 길로 가고 백성들까지도 우상을 섬겨 하나님께서 외면하시면 나라가 위태로울 수 있기 때문입니다. 우리도 범사에 혈연이나 감정에 치우치지 않고 공명정대한 마음으로 행해야 하며, 그럴 때 가정이 바로 서고 사회와 나라가 바로 서는 것입니다.

The Highway of the Upright 

"의와 공평을 행하는 것은 제사 드리는 것보다
여호와께서 기쁘게 여기시느니라"
(잠언 21장 3절)

근면, 성실, 인내

'천 리 길도 한 걸음부터' 란 말이 있듯이 목표한 바를 이루기까지는 하나하나 밟아야 할 과정이 있습니다. 사람들 중에는 나름대로 꿈을 실현하는 데 있어서 허영심으로 행하기도 합니다. 잘살아 보고자 하는 마음에 부지런한 행함은 보이지 않고 엉뚱한 방법을 택하는 것이지요. 일확천금을 바라고 투기를 한다거나 불로소득을 취하려는 각종 불의한 행위가 나타납니다.

이런 사람은 열심히 노력하지는 않고, 어떻게 하면 쉽게 얻을까 하는 마음으로 대충 눈가림만 하기 때문에 다른 사람들에게 피해를 주곤 합니다. 바로 게으른 사람의 모습이지요. 이렇게 대충대충 일하는 사람 때문에 부실공사가 생기고 수많은 인명을 앗아가는 대형사고도 일어나는 것입니다.

반면 부지런한 사람은 어떤 일을 하든지 한 단계 한 단계 성실하게 쌓아 든든한 기틀을 다져나갑니다. 남의 것을 탐내지 않고 정도를 좇아 차근차근 이루어 가는 것입니다. 우리는 과거 알뜰하게 살았던 어머니들의 모습에서 이런 지혜를 배울 수 있습니다.

어머니들은 밥을 지을 때에 끼니마다 필요한 쌀에서 한 움큼씩 덜어 따로 준비한 항아리에 담았습니다. 5인분의 쌀이 필요하다면 5인분의 양에서 조금씩 덜어 모으는 것입니다. 이렇게 모은 쌀이 상당한 양이 되면 그것을 팔아 병아리를 삽니다. 병아리를 잘 키워 닭이 되면 거기서 나오는 달걀을 팔아 목돈을 만들지요. 그 목돈으로 새끼 돼지를 사고, 그것을 잘 길러서 새끼들을 많이 얻으면 내다팔아 이번에는 송아지를 삽니다. 조금 덜 먹고 모은 쌀이 소 한 마리로 불어나는 것이지요. 옛날 농경 사회에서 소 한 마리는 굉장한 재산이었습니다.

이렇게 목표를 두고 계획을 세워 노력해 가는 사람은 하나님께서 도우시므로 성공적인 삶을 살 수 있습니다. 어떤 꿈을 이룸에 있어서나 한 사람을 능력자로 키워 나가는 일에 있어서도 마찬가지입니다.

성경을 보면 하나님께서는 모세를 출애굽 지도자로 세우시기 전에 많은 연단을 하셨습니다. 모세는 호화로운 왕궁을 떠나 40년 동안 양을 치며 연단을 받았습니다. 때로는 생명의 위험과 배고픔을 겪어야 했지요. 그러한 연단을 통해서 모세는 참으로 온유하고 겸비한 마음이 되어 수많은 이스라엘 백성을 품고 이끄는 지도자로서의 자질을 갖추게 된 것입니다. 그러므로 어떤 일을 이루고자 할 때에 조급해하거나 요행을 바라지 말고 성실과 인내와 근면으로써 이뤄야 하겠습니다.

The Highway of the Upright 

"부지런한 자의 경영은 풍부함에 이를 것이나
조급한 자는 궁핍함에 이를 따름이니라"
(잠언 21장 5절)

성실의 열매

옛날 어떤 부잣집 대감이 선달 그믐에 종들을 모아 놓고 해방시켜 주겠다고 말했습니다. 종들은 환호성을 지르며 노비문서를 불태웠지요. 해방될 날이 다가오자 대감은 다시 종들을 불러 "오늘이 마지막이니 밤새도록 새끼를 꼬아다오. 될 수 있는 한 아주 가늘게 꼬아라." 하고 일을 시켰습니다.

그러자 어떤 종들은 몹시 불평하며 아예 일하지 않았습니다. 대부분의 종들은 마지막 날까지 자신들을 부린다며 새끼줄을 굵게 대충대충 꼬았습니다. 어느 한 종은 하루가 지나면 자유의 몸이니 '더 정성껏 해 드리자' 하고 주인이 말한 대로 최대한 가늘게 꼬았습니다.

다음 날, 대감은 방문을 활짝 열어 놓고 그동안 수고했으니 자기가 꼰 새끼줄에 마음껏 엽전을 꿰어 가지라고 했습니다. 옛날 화폐인 엽전에는 가운데 조그만 구멍이 있었기 때문입니다. 굵게 대충대충 일한 종들은 새끼줄 끝에 겨우 몇 개의 엽전을 꿸 수 있었지만, 가늘게 꼰 종은 많은 엽전을 꿰어 가질 수 있었지요. 이 이야기는 우리에게 '성실한 삶이 어떤 것인가' 깨우쳐 줍니다.

이처럼 성실한 모습은 창세기에 나오는 요셉에게서도 찾아볼 수 있습니다. 요셉은 이스라엘의 조상 야곱의 열한 번째 아들입니다. 그는 아버지의 지극한 사랑을 받았으나 이복 형들의 시기로 애굽에 종으로 팔려갑니다. 그러나 어떤 원망이나 불평도 하지 않고 주어진 일을 성실하게 했습니다. 마침내 주인의 신임을 얻어 가정의 모든 재산을 관리하는 총무가 되었지요. 하루는 주인의 아내가 요셉의 준수한 용모를 보고 유혹합니다. 하나님을 경외하며 사랑하였던 요셉은 흔들림 없이 끝까지 유혹을 물리쳤습니다.

"이 집에는 나보다 큰 이가 없으며 주인이 아무것도 내게 금하지 아니하였어도 금한 것은 당신뿐이니 당신은 자기 아내임이라 그런즉 내가 어찌 이 큰 악을 행하여 하나님께 득죄하리이까"(창 39:9)

이처럼 요셉은 결코 하나님의 뜻을 저버리지 않았고 주인을 배반하지도 않았습니다. 그러던 어느 날 유혹해 오는 주인의 아내를 피하려다가 오히려 누명을 쓰고 왕의 죄수를 가두는 깊은 감옥에 갇히고 말았습니다. 그러나 하나님께서 함께하시니 요셉은 감옥에서도 은혜를 입어 제반 사무를 맡게 되었습니다. 그러다가 죄수로 들어온 술 맡은 관원장과 떡 굽는 관원장의 꿈을 해석해 준 것이 계기가 되어 후에 애굽 왕의 꿈까지 해석하기에 이르렀지요.

애굽 왕은 요셉의 지혜가 하나님께로부터 온 것임을 알고 그를 총리로 삼았습니다. 삼십 세에 애굽의 총리가 된 요셉은 7년간 풍년이 들 동안 뒤이어 닥칠 7년의 흉년을 대비하여 그 민족을 구하였습니다. 뿐만 아니라 아버지 야곱과 형제들을 기근에서 구하여 이스라엘 민족을 형성하는 기틀을 마련하였습니다.

The Highway of the Upright 

"정직한 자의 성실은 자기를 인도하거니와
사특한 자의 패역은 자기를 망케 하느니라"
(잠언 11장 3절)

그리 아니하실지라도

주위에서 조건부적인 모습을 많이 봅니다. 상대가 나를 사랑하니까 나도 사랑한다거나, 상대가 나에게 무엇인가 해 주었으니까 그 대가로 나도 무엇인가 해 주겠다는 것입니다. 내가 먼저 상대의 유익을 구하고 희생하며 봉사하기보다는 "당신이 먼저 이렇게 해 준다면 나도…."라는 조건이 의례히 붙습니다. 더욱 안타까운 것은 당연히 해야 할 일까지도 이런 조건들이 붙는다는 것입니다.

성경을 보면 자신의 목숨이 경각에 달린 상황에서도 도리를 다하고 절개를 지켜 축복을 받은 사람들이 있습니다. 다니엘의 세 친구 사드락과 메삭과 아벳느고는 다니엘과 함께 바벨론에 포로로 잡혀 간 유다의 왕족 내지는 귀족 출신의 사람들이었지요. 포로 상황에서도 그들은 하나님의 계명을 철저히 지키며 살았습니다. 그러니 하나님도 그들을 사랑하여 지혜와 총명을 주시고 왕의 총애를 받게 하셨습니다. 오래지 않아 그들은 바벨론 도를 다스리는 위치에까지 올랐습니다.

어느 날 이들에게 뜻밖의 시험이 찾아옵니다. 느부갓네살 왕이 금 신상을 만들어 각 도 모든 관원들에게 신상의 낙성예식에 참석하게 하고는 그 앞에 경배하게 했던 것입니다. 누구든지 그렇게 하지 않으면 풀무불 속에 던져 넣겠다고 하였습니다. 하나님을 사랑하는 다니엘의 세 친구가 신상 앞에 절한다는 것은 상상조차 할 수 없는 일이었습니다. 결국 그들은 절하지 않았고 그 일이 알려져 왕 앞에 끌려갔습니다.

이들을 사랑했던 왕은 다시 한 번 기회를 줍니다. 이제라도 신상 앞에 절하면 목숨을 살려 주겠다는 것입니다. 이러한 왕의 설득에도 그들은 "느부갓네살이여 우리가 이 일에 대하여 왕에게 대답할 필요가 없나이다 만일 그럴 것이면 왕이여 우리가 섬기는 우리 하나님이 우리를 극렬히 타는 풀무 가운데서 능히 건져내시겠고 왕의 손에서도 건져내시리이다 그리 아니하실지라도 왕이여 우리가 왕의 신들을 섬기지도 아니하고 왕의 세우신 금신상에게 절하지도 아니할 줄을 아옵소서" 하고 분명한 입장을 표명하였습니다(단 3:16~18).

그들은 능치 못할 것이 없으신 하나님을 끝까지 믿었습니다. 설령 하나님께서 자신들을 풀무불 가운데서 건져 주시지 않을지라도 하나님을 위해 기꺼이 목숨을 바치겠다는 비장한 믿음의 고백이었습니다. 자신들이 할 바를 행하는 것에 대해 대가를 바라지 않았고, 또 할 바를 행했음에도 불구하고 시험이 찾아온 것에 대해 하나님을 원망하거나 힘들어하지도 않았습니다.

과연 그들의 믿음의 고백대로 하나님께서는 풀무불 가운데서 머리털 하나 그슬리지 않도록 지켜 주셨습니다. 이 놀라운 일 앞에 왕 또한 살아 계신 하나님께 영광 돌렸을 뿐만 아니라 그들을 이전보다 더욱 높여 주었습니다. 이처럼 하나님 앞에나 사람 앞에 조건부가 아닌, 대가를 바라지 않는 진실한 사랑을 베풀 때 하나님께서는 사랑의 증거로 우리 삶에 축복을 더하십니다.

The Highway of the Upright 

"나를 사랑하는 자들이 나의 사랑을 입으며
나를 간절히 찾는 자가 나를 만날 것이니라"
(잠언 8장 17절)

변함없는 마음

고려의 충신 정몽주는 정치가요, 외교관이며 학자, 시인으로서 뛰어난 인물이었습니다. 이러한 능력 못지 않게 인품 역시 뛰어나 사람들에게 존경을 받았습니다. 고려 왕조가 기울어 갈 때 정몽주는 반역을 일으킨 이성계와 그의 아들 이방원의 끈질긴 유혹을 받았습니다. 정몽주의 가치를 잘 아는 이성계와 이방원은 어찌하든 그를 회유하여 자신들 편으로 만들고자 애썼습니다. 그를 얻으면 민심을 얻을 것이니 그들에게는 참으로 중요한 인물이었지요.

그러나 정몽주가 끝내 '단심가'를 통해 자신의 단호한 마음을 표현하자 이방원은 그를 죽이고 맙니다. 어차피 그의 마음을 돌리지 못할 것임을 알았기 때문입니다. 정몽주의 입장에서는 불의한 사람들과 함께하느니 차라리 의로운 죽음을 택한 것입니다. 이처럼 죽음 앞에서도 변치 않았던 그의 절개는 오늘날 자신의 유익을 좇아 이리저리 변개하고 배신하는 일이 잦은 세대에 교훈을 줍니다.

성경을 보면 하나님의 사랑을 받았던 다윗에게도 변함없는 마음으로 생명까지 줄 수 있는 벗이 많았습니다(삼하 23장). 다윗이 베들레헴에 진친 블레셋 군대와 싸울 때였습니다. 다윗은 몹시 목말라하며 "베들레헴 성문 곁 우물 물을 누가 나로 마시게 할꼬" 말합니다. 그 말을 들은 세 용사는 즉시 적진을 뚫고 들어가 베들레헴 성문 곁 우물 물을 길어 옵니다. 다윗을 사랑하니 생명을 아끼지 않았던 것입니다. 그러나 다윗은 그 물을 마시지 않고 하나님께 부어 드렸습니다.

"여호와여 내가 결단코 이런 일을 하지 아니하리이다 이는 생명을 돌아보지 아니하고 갔던 사람들의 피니이다"(삼하 23:17)

자신을 위해 생명의 위협을 무릅쓰고 떠 온 물을 차마 마실 수 없었던 것입니다. 비록 물은 마시지 않았을지라도 자신의 말 한마디에 생명을 거는 사람들과 함께하니 얼마나 큰 힘을 얻었겠습니까. 이러한 친구를 평생에 하나 얻기도 쉽지 않은데 다윗에게는 세 용사 외에도 생명을 아끼지 않고 그를 사랑하여 함께한 이들이 많았습니다.

이는 다윗이 하나님과 사람 앞에 변치 않는 신의를 가졌기 때문입니다. 유유상종이라는 말과 같이 범사에 마음이 선하고 변함없으니 생사고락을 함께할 진실한 벗을 많이 얻은 것입니다. 다윗은 왕이 된 후에도 하나님 앞에 더 온전한 그릇으로 나오기까지 숱한 어려움을 겪었지만 이러한 벗들이 있음으로 인해 행복했을 것입니다. 이렇게 변함없는 마음과 온전한 그릇 됨됨이를 지녔기에 그는 하나님의 사랑을 입어 이스라엘 역대 왕 중 가장 훌륭한 왕이 될 수 있었습니다.

"의를 굳게 지키는 자는 생명에 이르고 악을 따르는 자는 사망에 이르느니라"
(잠언 11장 19절)

Part 6

겸손은 존귀의 앞잡이

Humility Goes before Honor

대인과 소인 | 마음의 문을 낮추자
나보다 남을 낫게 여기는 마음 | 겸손은 존귀의 앞잡이
존경받는 사람이 되려면 | 온유와 덕 | 온전한 섬김

"겸손한 마음으로 자기를 낮추며
다른 사람을 나보다 낫게 여기는 사람은
하나님께서 그 모습을 보시고
있는 곳에서 큰 자가 되게 하십니다."

Humility Goes before Honor

대인과 소인

교향곡의 아버지라 불리는 작곡가 하이든은 많은 작품을 남겼는데, 그중에는 유명한 「천지창조」가 있습니다. 「천지창조」가 비엔나에서 공연되던 날, 하이든은 몹시 아파 뒤쪽에 앉아 있었습니다. 그날 지휘자는 아주 훌륭하게 해냈고, 오케스트라의 아름답고 장엄한 연주가 끝나자 수많은 사람이 일어나 박수를 보냈습니다.

그때 지휘자는 박수를 중단시키며 발코니에 앉아 있는 하이든을 가리키며 "저 사람입니다! 저분이 이 놀랍고 아름다운 음악을 작곡했습니다." 하고 말했지요. 사람들이 일제히 고개를 돌려 하이든을 바라보며 박수를 치기 시작했습니다. 그러자 하이든이 박수를 중단시키며 "나는 아무것도 아닙니다. 그분이 모든 것을 하셨습니다. 이 모든 것은 하늘로부터 온 것입니다. 주께서 나에게 지혜를 주셨습니다. 그분

께만 영광을 돌리십시오."라고 말했습니다. 지휘자는 자신에게 보내는 찬사를 작곡가에게 돌렸고, 작곡가 하이든은 모든 영광을 하나님께 돌렸던 것입니다.

누군가 칭찬할 때 다른 사람에게 돌릴 줄 알고 자신이 대우를 받는 것조차 민망히 여기는 것이 대인의 마음이며 선한 마음입니다. 이러한 사람이라면 실수를 하여 그에 대한 대가를 충분히 치렀다 해도 죄송스러운 마음일 것입니다. 반면 소인의 마음은 작은 일에도 칭찬받고 싶어하며 자신이 드러나기 원합니다. 다른 사람에 대해서는 좋은 일을 보고도 자기 생각에 맞지 않으면 미워하고 싫어하며 함께하지 않습니다.

그러나 선한 사람일수록 좋은 일을 볼 때 자기 생각에 맞느냐 맞지 않느냐를 따지지 않습니다. 칭찬받을 만하며 좋은 일인 줄 알면서도 자기 생각에 맞지 않고 이해되지 않는다는 이유로 싫어하고 멀리한다면 그만큼 악이 많은 소인의 마음입니다. 또한 소인은 친분이 있다 해도 막상 자기 유익에 맞지 않으면 감정을 갖고 상대를 미워합니다.

소인의 대표적인 예를 성경에서 찾는다면 이스라엘의 초대 왕 사울을 들 수 있습니다. 그는 자기 감정을 제어하지 못했기 때문에 패망한 인물입니다. 다윗이 나라와 왕과 백성을 위해 생명 다해 싸워 전쟁에서 승리하자, 백성들이 그를 칭송했습니다. 그 모습을 본 사울이 다윗을 시기하여 그를 죽이려고 기회를 엿보고 군대까지 동원하여 쫓아다닙니다.

사울이 대인이었다면 왕의 입장에서 신하가 사랑을 받으니 같이 기뻐하고 즐거워했을 것입니다. 그런데 그는 소인의 마음이므로 다윗을 질투하고 미워하며 계속 악을 행하다 하나님께 버림받고 맙니다. 그러나 다윗은 여러 번 죽을 고비를 넘기면서도 정작 사울 왕을 죽일 수 있는 기회가 왔을 때 죽이지 않습니다. 뿐만 아니라 사울이 전쟁에 패하여 죽었다는 소식을 듣고는 슬퍼하며 백성들과 함께 금식하며 울었습니다. 하나님께서는 이처럼 대인의 마음을 가진 다윗을 왕으로 세우시고 축복해 주셨습니다.

"타인으로 너를 칭찬하게 하고 네 입으로는 말며
외인으로 너를 칭찬하게 하고 네 입술로는 말지니라"
(잠언 27장 2절)

마음의 문을 낮추자

일반적으로 '문이 높다'는 말은 그만큼 들어가기 어려운 곳을 비유할 때 씁니다. 대학의 문턱이 높다는 것은 입학이 그만큼 어렵다는 뜻이며, 은행이나 관공서의 문턱이 높다는 말은 막상 도움이 필요할 때 자격 요건이나 절차가 까다로워 쉽게 도움을 얻을 수 없다는 의미이지요. 또 어떤 집을 가리켜 문턱이 높다고 표현하는 경우도 있습니다. 주로 세도가의 집을 가리켜 하는 말로, 아무나 그 집의 주인을 만날 수 없음을 뜻합니다. 그래서 옛날에도 높은 관직에 있는 사람을 만나려면 그와 견줄 만한 부와 명예가 있어야 했습니다.

그러나 아무리 벼슬이 높고 명예가 있다 해도 마음이 겸손하고 덕망 있는 사람의 집은 문턱이 높지 않습니다. 그래서 많은 사람이 평안히 깃들지요. 이처럼 문이 낮다, 높다 하는 것은 사람들이 그만큼 편하게 와서 깃들 수 있느냐, 그렇지 못하냐를 나타내는 것입니다.

들레는 마음, 자존심, 자신을 알아주기 원하는 마음 등이 있는 사람에게는 쉽게 다가갈 수 없고, 설령 다가간다 해도 마음의 쉼을 얻을 수 없습니다.

'개구리 올챙이 적 생각 못한다'는 말도 형편이 좀 나아지고 지위가 높아졌다고 해서 구차했던 과거를 망각하고 교만해지거나 분수를 넘는 사람, 즉 마음 문이 높아진 사람을 일컫습니다. 이러한 사람은 좀처럼 사람들의 마음을 얻지 못합니다. 아무리 부와 명예, 권세가 있다 해도 사람들과 화평치 못하고 주고받는 사랑이 없다면 그 마음이 평안할 리 없고 행복할 수도 없을 것입니다.

그러나 마음의 문이 낮은 사람, 즉 겸손하고 온유하여 모든 사람과 화평한 사람은 마음이 늘 평안할 것입니다. 이런 마음을 이루어 참사랑을 나눌 수 있는 대상을 얻는다면 삶이 얼마나 즐겁겠습니까? 나아가 생명이라도 기꺼이 줄 수 있는 사람이 있다면 모든 것을 소유한 왕이라도 부럽지 않을 것입니다.

마음의 문을 낮추는 사람은 높은 위치에 있다 해도 교만하지 않으며 아랫사람을 대할 때도 사랑과 덕으로 포용하며 잘 다스려 나갑니다. 일이 조금 더디다 해도 일일이 간섭하거나 명령, 지시하지 않고 인내하며 보다 넓은 안목으로 바라보지요. 그럴 때 아랫사람들도 마음껏 자신의 능력을 발휘하며 훌륭한 그릇으로 성장할 수 있습니다. 이렇게 마음의 문을 낮추어 많은 사람이 그 안에 깃들고 뛰어난 일꾼들로 양성된다면 큰 일들을 창대히 이루고 모든 사람에게 존귀히 여김 받을 것입니다.

"다툼을 좋아하는 자는 죄과를 좋아하는 자요
자기 문을 높이는 자는 파괴를 구하는 자니라"
(잠언 17장 19절)

나보다 남을 낫게 여기는 마음

미국의 어느 교회에서 있었던 일입니다. 주일예배를 드리기 위해 교인들이 엄숙하게 찬송을 부르고 있을 때였습니다. 허름한 옷차림을 한 어떤 사람이 교회 안으로 들어오더니 통로를 따라 걸어와 맨 앞자리 근처에서 두리번거렸습니다. 그런데 그날 따라 사람들이 많아 빈자리가 없었지요. 할 수 없이 그는 양탄자 바닥에 웅크리고 앉았습니다. 그 모습에 사람들은 언짢은 기색을 하기도 하고 서로 쳐다보며 수군거리기도 했습니다.

주위 사람들의 시선을 의식한 낯선 사람은 당황하여 얼굴이 벌겋게 달아올랐습니다. 그때 한 노신사가 일어나 그에게로 걸어가더니 옆에 함께 앉는 것입니다. 잠시 동안 사람들은 노신사의 행동에 어리둥절했지만 중요한 교훈을 깨달았습니다. 바로 자신들은 사람의 외모를 보고 무시하고 판단했지만 노신사는 그렇지 않았던 것입니다. 사려 깊은 마음으로 교회에 처음 나온 그가 평안함을 느끼도록 따뜻이 맞아 주었을 뿐 아니라 곁에 함께해 준 것입니다.

이렇게 상대의 입장이 되어 격려하고 힘과 소망을 줄 수 있다면 얼마나 좋을까요? 아직 실수가 있고 부족한 점이 있더라도 사랑으로 상대의 허물을 덮고 부족한 부분을 채워 주려는 마음이 된다면 참으로 많은 사람이 그 안에서 쉼을 얻고 평안을 얻게 될 것입니다. 또한 이렇게 무례히 행치 않고 무시하지 않는 마음, 서로를 존중하는 마음이 될 때 서로 간에 오랜 친구처럼 마음을 터놓을 수 있는 아름다운 관계를 유지할 수 있습니다.

빌립보서 2장 3~4절에 "아무 일에든지 다툼이나 허영으로 하지 말고 오직 겸손한 마음으로 각각 자기보다 남을 낫게 여기고 각각 자기 일을 돌아볼뿐더러 또한 각각 다른 사람들의 일을 돌아보아 나의 기쁨을 충만케 하라" 했습니다. 이것이 그리스도 예수의 마음입니다. 예수님은 창조주 하나님의 아들이지만 육신을 입고 이 땅에 오셔서 오직 사랑으로 모든 사람을 섬기셨습니다. 십자가에 달려 물과 피를 다 쏟으심으로 우리 죄를 대속하시며 온 인류에게 구원의 길을 열어 주셨지요. 그러므로 하나님께서는 그를 지극히 높여 하나님의 보좌 우편에 앉게 하시고 모든 이름 위에 뛰어나게 하셨습니다.

주님의 사랑을 알고 참으로 주님을 사랑하는 사람은 어린 소자라도 업신여기거나 함부로 대하는 일이 없습니다. 골로새서 3장 23절에 "무슨 일을 하든지 마음을 다하여 주께 하듯 하고 사람에게 하듯 하지 말라" 하신 것처럼 누구를 대하든지, 어떤 일을 하든지 주님을 섬기는 마음으로 정성을 다하는 것입니다.

이런 중심이 되면 자신이 하는 일을 아무도 알아주지 않고 공이 드러나지 않는다 해도 개의치 않습니다. 오히려 어떻게 하면 하나님께 영광을 돌릴까 하는 마음으로 남이 하기 싫어하는 일까지 도맡아 감당합니다. 이처럼 겸손한 마음으로 자기를 낮추며 다른 사람을 나보다 낫게 여기는 사람은 하나님께서 가정, 학교, 직장 등 있는 곳에서 큰 자가 되게 하시고 하늘나라에서도 영광의 자리에 있게 하십니다.

"겸손한 자와 함께하여 마음을 낮추는 것이
교만한 자와 함께하여 탈취물을 나누는 것보다 나으니라"
(잠언 16장 19절)

겸손은 존귀의 앞잡이

'벼는 익을수록 고개를 숙인다'는 말이 있습니다. 사람은 인품이 닦일수록, 학문이 깊어질수록 그 깊고 무한한 세계 앞에 겸손해지며 자신을 내세우려 하지 않습니다. 옛 선인들 가운데 학문과 권세가 높아질수록 오히려 겸손한 모습으로 덕을 끼쳐 오늘날까지 칭송받는 분들이 있습니다. 그중 퇴계 이황은 조선 시대에 가장 위대한 학자로 꼽힐 만큼 학문의 깊이가 심오했습니다. 우리 나라에서는 물론이요 멀리 중국과 일본의 유학자들도 그의 학문을 숭상하여 따를 정도였다고 합니다.

그가 이렇게 존경받고 칭송받을 수 있었던 것은 깊은 학문 때문이기도 하지만 무엇보다 겸손과 덕에 있었습니다. 모두가 그의 학문을 우러를 때에도 정작 자신은 온전한 도에 이르지 못했다고 생각하며 죽는 날까지 학문 정진에 힘썼습니다. 혹 자신의 학문에서 잘못된 것을 깨우쳤을 때에는 바로잡기를 서슴지 않았고, 그것을 지적하는 제자가 있으면 더없이 기뻐했습니다. 숨을 거두기 직전에도 슬퍼하는 제자들에게 "여러분과 더불어 학문 연구에 최선을 다하였으나 어리석고 게을러서 변변치 못할 뿐이었다."고 말했다고 합니다.

이처럼 인정받는 위치에 오를수록 더욱 겸손히 자신을 낮추는 모습은 참으로 아름답습니다. 영적인 세계에서는 더더욱 그러합니다. 우리가 사는 세상은 유한한 3차원의 세계요, 4차원의 영의 세계는 시작과 끝이란 말이 존재하지 않는 무한한 세계입니다. 따라서 영의 세계를 체험하면 할수록, 창조주 하나님에 대해 깨달아 알면 알수록 자신은 티끌만도 못한 존재라는 고백이 우러나오는 것입니다. 자신이 알고 체험한 것은 극히 일부에 지나지 않는다는 것을 깨달으니 생각의 틀, 상식, 이론 등이 깨지게 됩니다.

이렇게 낮아진 마음이 되면 상대의 티나 허물이 보이지 않으며 이해하게 됩니다. 상대를 나보다 낫게 여기기 때문에 좋은 점은 자기 것으로 삼기 위해 배우려 합니다. 상대가 잘못한 것이 있더라도 사랑으로 권면하여 스스로 깨우칠 수 있도록 도와줄 것입니다. 이러한 사람과는 함께 있는 것만으로도 상대가 행복을 느끼고 쉼을 얻습니다.

하나님 나라를 위해 생명 다해 달려갔던 사도 바울은 죽은 자를 살리는 등 수많은 기사와 표적을 나타내고도 참으로 겸손했습니다. 고린도전서 15장 10절에 "나의 나 된 것은 하나님의 은혜로 된 것이니 내게 주신 그의 은혜가 헛되지 아니하여 내가 모든 사도보다 더 많이 수고하였으나 내가 아니요 오직 나와 함께하신 하나님의 은혜로라" 한 고백을 통해 알 수 있습니다. 이러한 겸비함을 가진 바울이었기에 하나님께서는 그에게 권능을 주셔서 크게 사용하신 것입니다. 뿐만 아니라 영원한 천국에서 가장 존귀한 사람이 받는 '의의 면류관'을 예비해 주셨습니다.

"사람의 마음의 교만은 멸망의 선봉이요 겸손은 존귀의 앞잡이니라"
(잠언 18장 12절)

존경받는 사람이 되려면

1970년 미국 편집인협회에서 미국인들을 대상으로 가장 존경하는 인물을 조사했을 때 1위가 예수 그리스도, 2위는 미국의 16대 대통령인 아브라함 링컨이었다고 합니다. 링컨은 독실한 신앙을 가진 부모 밑에서 성장하였습니다. 남달리 강한 신념을 가진 링컨은 낮에는 일을 하고 밤에는 독학을 하여 변호사로 인정받기에 이릅니다.

어느 날, 링컨은 노예시장에서 노예가 경매되는 것을 지켜보면서 울분을 느꼈습니다. 이것은 그가 대통령이 된 후에 남북전쟁이 일어날 수밖에 없었던 중요한 이유가 됩니다. 그는 전쟁 중에 현장을 직접 돌며 군인들에게 용기를 북돋아 주고, 백악관에 있을 때에도 밤새워 기도하곤 했습니다. 곳곳에서 싸움이 치열하게 벌어지고 있을 즈음에 대통령 중간선거가 다가왔습니다. 링컨은 전쟁 때문에 강연할 겨를도 없어 선거운동을 제대로 하지 못했습니다.

그러던 중, 게티즈버그 국립묘지 제막식에 참석한 그는 일만 오천여 명의 군중 앞에서 연설을 합니다. 단지 268개의 단어밖에 안 되는 짧은 연설로 이삼 분 만에 끝났지만 국민들에게 큰 감동을 주었습니다. 자유와 평등사상, 그리고 전쟁에 희생된 이들에게 표하는 깊은 감사의 마음이 전달되었기 때문입니다. 또 '국민의, 국민에 의한, 국민을 위한 정치를 이루겠노라' 는 고백이 민주주의의 뜻과 목적을 가장 잘 나타내 줌으로 길이길이 빛나는 연설이 되었습니다.

투표 결과 링컨은 압도적인 승리를 거두었고, 남북전쟁도 북군의 승리로 끝났습니다. 국민을 진심으로 사랑하고 위하는 그의 마음과 행동은 모두가 하나님을 믿는 신앙에서 나온 것입니다. 그는 어려운 일을 만날 때마다 "하나님, 도와주세요. 하나님께서 돌봐 주시지 않으면 나는 아무것도 할 수 없는 사람입니다." 라고 기도했다고 합니다. 하나님을 믿고 그 뜻대로 행하는 사람, 겸손한 마음으로 의뢰하는 사람은 하나님께서 범사에 형통케 하십니다.

우리 나라에도 거북선으로 유명한 이순신 장군, 민족의 독립을 위해 헌신한 유관순 열사 등은 신을 인정하고, 나라와 민족을 위해서 목숨도 아끼지 않았습니다. 우리가 그들을 존경하고 기리는 것은 단지 눈에 드러나는 업적 때문만이 아닙니다. 무엇보다 그들의 그릇 됨됨이나 마음씀에 감동을 받기 때문일 것입니다. 전쟁 영웅이나 위대한 정치가 또는 독립투사가 아닐지라도 누구나 하나님을 믿고 겸손히 의뢰하며 그 말씀대로 지켜 행하면 가정이나 일터 등 어느 곳에 있든지 존경받는 사람이 될 수 있습니다. 하나님께서는 천지 만물을 창조하신 전능자로서 각 사람의 부족한 바를 누구보다 잘 아시며, 필요한 지혜와 능력을 주시기 때문입니다.

"사람이 교만하면 낮아지게 되겠고 마음이 겸손하면 영예를 얻으리라"
(잠언 29장 23절)

온유와 덕

온유하다는 것은 온화하고 부드러운 것을 말합니다. 온유한 사람은 마음이 솜털과 같아서 모든 것을 포용하며 품어 주므로 많은 사람이 그 안에 깃들입니다. 솜에 돌을 던지면 소리 없이 감싸 주듯이 온유한 사람은 어느 누구와도 걸림 없이 이해해 주며 감싸 주지요. 그런데 이는 지능이 부족해서 누가 때려도 맞서 싸울 줄 모르고 그저 웃기만 하는 경우와는 다릅니다.

진정한 온유함은 부드러움에 덕을 겸한 것입니다. 사람을 다스림에 있어서 반듯하게 행할 줄도 알고, 위엄이 있을 때도 있고 이런저런 양면성을 다 갖춘 상태이지요. 온유와 덕은 비슷한 것 같지만 다릅니다. 의미를 구분해 본다면 온유 자체가 내면적인 것이라면 덕은 외면적인 옷과 같은 것입니다. 아무리 훌륭한 사람도 벌거벗고 있다면 수치가 되는 것처럼 덕을 갖추지 못한 온유 역시 온전할 수 없지요. 또한 덕은 있으되 온유함이 없으면 아무런 가치가 없습니다. 화려하게 옷을 잘 입었을지라도 그 마음이 악하면 무슨 가치가 있겠습니까?

역사적인 인물 중에도 고종 황제나 세종대왕의 경우를 비교하면 차이점을 이해할 수 있습니다. 세종대왕은 온유하고 유덕하여 관료들과 뭇 백성의 마음을 얻었습니다. 나라가 태평성대를 이루었고 많은 업적을 남기며 충성된 신하들이 그를 따랐습니다. 반면 고종 황제는 마음 자체는 온유하였으나 덕이 부족하므로 정치 기강이 흔들리며 나라가 안정을 이루지 못했습니다.

이처럼 온유함 자체로 끝나는 경우, 자신은 부드럽고 온화하지만 남을 품고 다스리지는 못합니다. 반면에 온유함과 더불어 덕이 있는 사람은 상대의 마음을 얻으므로 많은 사람을 포용할 수 있는데 이것이 곧 진정한 권세가 됩니다.

아무리 부와 명예로 사람들을 모은다 해도 이러한 권세는 잠깐일 뿐입니다. 부와 명예가 사라짐과 동시에 권세도 사라지게 마련입니다. 사람의 마음을 얻은 것이 아니기 때문입니다. 진정한 권세는 덕으로써 많은 사람의 마음을 얻는 것이며 이는 하나님께서 주시는 것입니다. 즉 하나님 말씀대로 행하여 그만큼 성결을 이루고 자기를 낮추며 남을 섬기는 사람에게 주어집니다.

마태복음 18장 4절을 보면 "그러므로 누구든지 이 어린아이와 같이 자기를 낮추는 그이가 천국에서 큰 자니라" 말씀합니다. 천국에서 큰 자란 하늘나라에서 권세를 얻은 사람을 뜻합니다. 이 땅에 살면서 많은 사람의 마음을 얻었으니, 하나님께서 천국에서도 그만큼 큰 권세를 그에게 주시는 것입니다.

"의인의 열매는 생명나무라 지혜로운 자는 사람을 얻느니라"
(잠언 11장 30절)

온전한 섬김

영국의 한 수상이 급한 일로 과속을 하다가 경찰의 단속에 걸렸습니다. 이때 경찰에게 "나는 대영제국의 수상이오."라고 밝혔습니다. 그 말은 '급히 가야 하니까 그냥 놓아 달라'는 뜻이지요. 그런데 경찰은 "얼굴이 닮기는 했지만 우리 수상께서 법을 어기실 리가 없습니다." 하는 것이 아닙니까.

경찰의 꼿꼿한 말에 감명을 받은 수상은 돌아와 경찰의 머리 되는 사람에게 전화를 걸었습니다. 앞뒤 상황을 설명하면서 권세에 굴하지 않고 직분을 잘 감당한 그에게 상을 주도록 지시했지요. 그 지시를 받은 경찰은 "영국의 법에는 수상을 잡았다고 해서 상을 주라는 법이 없습니다." 하고 한술 더 떴습니다.

만일 수상이 악한 사람이었다면 자신을 단속한 경찰을 보고 '감히 내가 누군데….' 하면서 책망했을 것입니다. 그러지 않고 정도를 지키는 경찰의 모습에 감동한 것으로 보아 수상은 비교적 선한 사람임을 알 수 있습니다. 그러나 자신의 마음을 샀다고 해서 포상하도록 명령하는 태도에는 '내가 이러한 지위에 있으니까….' 라는 권위의식이 깔려 있는 것입니다. 물론 남을 해치면서 권세를 부리려는 악한 모습은 아닙니다.

나름대로 선하다는 사람도 권위를 내세워 상대를 부리려는 속성이 있는 경우가 많습니다. 어떤 분야에서든 일을 이루기 위해서 질서를 좇아 권면하거나 지시할 수는 있지만, 그 과정에서 고압적인 자세로 무례히 행한다면 이는 하나님 보시기에 교만한 모습입니다. 하나님 안에서는 지위가 높아질수록 마음은 낮아져서 섬겨야 합니다.

참된 섬김에 대해 알려면 사망으로 가는 인류를 구원하기 위해 이 땅에 오신 예수님의 모습을 살펴보면 됩니다. 예수님께서도 제자들에게 필요한 일을 지시하심으로 하나님의 나라를 이루어 가셨습니다. 그러나 높아진 마음에서 비롯된 명령이나 지시가 아니었습니다.

창조주 하나님의 독생자이면서도 직접 제자들의 발을 씻길 정도로 섬기셨습니다. 또한 예수님을 붙좇는 무리 중에는 부요하고 권세 있는 사람보다 가난하고 어려운 사람이 더 많았습니다. 예수님께서는 그들을 편견 없이 동일하게 섬기며 치료하고 복음을 전하셨습니다. 오히려 가난하고 소외된 사람들에게 더 마음을 쓰셨지요. 모든 사람의 죄를 대속하기 위해 나무 십자가에 못 박혀 돌아가실 때에도 마찬가지였습니다. "아버지여, 저희를 사하여 주옵소서 자기의 하는 것을 알지 못함이니이다." 하고 기도하시는 모습을 통하여 참사랑과 섬김이 무엇인지 깨달을 수 있습니다.

따라서 내게 권한이 있어 남을 책망하고 지시한다면 아울러 그를 위해 죽어 줄 수도 있는 섬김을 내 마음 안에 이루어야 합니다. 그럴 때 하나님께서 지극히 사랑하고 이 땅에서도 동행해 주실 뿐만 아니라 영원한 천국에서도 주님 가까이 있게 하십니다.

"가난한 사람을 학대하는 자는 그를 지으신 이를 멸시하는 자요
궁핍한 사람을 불쌍히 여기는 자는 주를 존경하는 자니라"
(잠언 14장 31절)

Part 7

최고의 선, 온전한 사랑

The Highest Level of Goodness, Perfect Love

세 가지 유형의 마음 | 선의 마음, 의의 마음
긍휼과 자비가 낳은 기적 | 진실된 사람이 받는 축복
권면하는 사랑 | 모든 허물을 덮는 사랑 | 최고의 선, 온전한 사랑

"최고의 선, 온전한 사랑이 있을 때
하나님께서 그를 사랑하셔서
늘 동행하며 장차 천국에서
빛나는 자리에 거하게 하십니다."

The Highest Level of Goodness, Perfect Love

세 가지 유형의 마음

지구상엔 수많은 사람이 살지만 저마다 생김새가 다르고 마음이나 성격도 다릅니다. 인상이 좋아 친근감이 느껴지는 사람이 있는가 하면, 차갑고 무뚝뚝해 보여 접근하기 어려운 사람도 있습니다. 그러나 외모는 눈으로 보아 알 수 있지만 마음은 잘 알 수 없습니다. 인상과 반대인 성품을 지닌 사람도 있기 때문에 사람의 마음을 분별할 줄 알아야 합니다. 자신뿐 아니라 상대의 마음도 바르게 분별할 때 지혜롭게 대처할 수 있습니다.

사람의 마음은 크게 세 가지 유형으로 나눌 수 있습니다. 첫 번째 유형은 선하고 진실한 사람입니다. 이런 사람은 누군가 자신을 속상하게 하고 힘들게 했을 때 그 자체는 슬프지만 상대에 대해 악이나 감정을 품지 않고 이해하고 잊어버립니다. 그래서 누구와도 다투지 않고 평안하게 살아갑니다. 예를 들면, 전래동화 '콩쥐 팥쥐'의 주인공 콩쥐의 마음에 해당하는 사람입니다. 콩쥐는 계모와 그의 딸 팥쥐에게 구박받으면서도 원망하거나 미워하지 않고 더 잘하지 못한 것을 죄송하게 생각합니다. 이런 마음을 가진 사람은 모든 사람과 화평할 수 있고 하나님 사랑을 받을 수 있습니다.

두 번째 유형은 성격이 솔직담백한 사람입니다. 상대가 미운 행동을 하면 즉시 그것을 상대에게 돌려 주거나 지적하는 사람입니다. 이런 사람은 자기 의(義)가 강하여 사람들과 부딪침이 많으므로 주변에서 상대하기를 꺼립니다. 그러나 솔직담백한 마음을 가진 사람은 마음에 감정이나 미움을 담지 않으므로 허물이 많지는 않습니다.

세 번째 유형은 미움이 있어도 드러내지 않는 사람입니다. 진실하지 못하니 그 입에서는 거짓이 나올 수밖에 없습니다. 겉모양은 선한 것 같으나 실제로는 악한 사람이지요. 하나님께서는 이런 사람을 가리켜 양의 옷을 입었으나 속에는 노략질하는 이리가 들어 있으니 화(禍)가 있을 것이라고 하셨습니다. 그러면 두 번째와 세 번째 유형이 첫 번째 유형에 속하는 아름다운 마음이 되기 위해서는 어떻게 해야 할까요?

두 번째 유형의 경우에는 형제의 티를 보기 전에 먼저 자신의 들보를 보아야 합니다. 남을 지적하는 마음에는 더 큰 악이 있기 때문입니다. 이런 악을 빼낸 다음에라야 모든 것을 선으로 보고 바로 분별할 수 있습니다. 또 판단이나 정죄하는 마음이 틈타지 않으므로 사랑하는 마음이 되는 것입니다.

세 번째 유형은 말씀과 기도를 통해 거짓의 속성을 빼내고 진실한 사람으로 변화되어야 합니다. 하나님께서는 우리가 선하고 진실한 사람이 되기 원하시므로 삶의 지혜가 담긴 잠언서를 통하여 이런 깨우침을 주시는 것입니다.

"미워함을 감추는 자는 거짓의 입술을 가진 자요
참소하는 자는 미련한 자니라"
(잠언 10장 18절)

선의 마음, 의의 마음

약 2천 년 전, 이스라엘의 나사렛이라는 마을에 목수 요셉이 살고 있었습니다. 그는 하나님을 사랑하였으며 선하고 의로운 사람이었습니다. 그런데 어느 날, 요셉은 정혼한 여인 마리아가 잉태한 사실을 알게 됩니다. 남편이 될 자신과 동침하지도 않았는데 잉태했으니 충격적인 일이 아닐 수 없습니다. 시대적인 상황으로나 그의 입장에서 볼 때 상상치도 못할 일이었지요.

당시 율법에 의하면 간음한 사람은 돌로 쳐 죽이게 되어 있었습니다. 그러니 처녀가 잉태한 사실을 드러내고 돌로 쳐 죽인다고 해도 뭐라고 말할 사람은 없었습니다. 그렇지만 워낙 심성이 고왔던 요셉은 이를 드러내지 않고 가만히 끊고자 했습니다. 이러한 요셉의 행함에는 배신감이나 미운 감정이 조금도 없었습니다.

오늘날은 어떻습니까? 결혼할 때 신부가 가져오는 혼수감이 적다고 신부를 구박하기도 하고, 이로 인해 불화가 생겨 이혼에 이르는 경우도 있습니다. 선한 사람은 이와 달리 모든 것을 용납합니다. 하나님께서는 의롭고 선한 사람을 찾으시며 축복으로 갚아 주십니다. 이는 요셉이 받은 축복을 보아도 잘 알 수 있습니다.

요셉이 정혼녀 마리아가 잉태한 사실을 생각할 때에 하나님의 사자가 꿈에 나타나 "다윗의 자손 요셉아 네 아내 마리아 데려오기를 무서워 말라 저에게 잉태된 자는 성령으로 된 것이라 아들을 낳으리니 이름을 예수라 하라 이는 그가 자기 백성을 저희 죄에서 구원할 자이심이라" 하고 알려 주었습니다(마 1:20~21). 바로 마리아는 하나님의 독생자로서 인류를 구원하기 위하여 이 땅에 오신 예수님을 성령으로 잉태한 것이었습니다. 요셉은 그녀와 함께 예수님을 양육할 수 있는 자격을 얻었으니 얼마나 큰 축복입니까?

진정 마음이 선한 사람은 다른 사람의 허물을 드러내려 하지 않습니다. 사람들 중에는 당사자가 없는 곳에서 말을 옮기면서도 자신은 말을 옮긴다고 생각지 않는 이가 있습니다. 예를 들어, "그 사람은 이러이러한 잘못이 있는데 나는 다 이해할 수 있어."라고 말하는 경우이지요. 마치 자신은 상대를 감싸 주는 너그러운 사람인 것처럼 말하지만 오히려 허물을 드러내 사람들에게 알리는 결과가 되고 맙니다. 우리는 상대의 허물을 드러내 알리는 것이 얼마나 큰 악인지 깨달아 결코 그렇게 행하는 일이 없어야 합니다. 누군가의 허물이 발견된다면 먼저 당사자를 찾아가 사랑으로 권면해 주는 것이 선이요, 의입니다.

"허물을 덮어 주는 자는 사랑을 구하는 자요
그것을 거듭 말하는 자는 친한 벗을 이간하는 자니라"
(잠언 17장 9절)

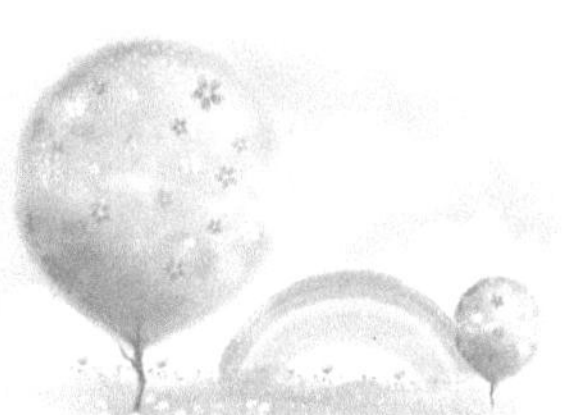

긍휼과 자비가 낳은 기적

눈보라 치던 어느 날, 인도의 성자라 불리는 썬다싱이 네팔 지방의 한 산을 넘고 있었습니다. 마침 같은 방향의 여행자가 있어서 그와 동행하였습니다. 쌩쌩 몰아치는 눈보라는 겹쳐 입은 옷을 아랑곳하지 않고 마치 살을 도려내는 것 같았습니다. 인적도 없고 민가도 눈에 띄지 않는 데다 휘몰아치는 눈 때문에 산길은 더욱 찾기 어려운 상황이었습니다.

얼마쯤 가다가 두 사람은 눈 위에 쓰러져 있는 노인을 발견합니다. 노인은 온몸이 언 채 신음하고 있었습니다. 썬다싱은 그 노인을 데려가자고 했지만, 동행자는 화를 벌컥 내면서 "무슨 말입니까? 우리도 언제 죽을지 모르는 판에 노인네까지 데려간다면 모두 죽고 말 것이오." 하면서 먼저 가 버렸습니다.

썬다싱은 죽어 가는 노인을 두고 갈 수 없어서 등에 업었습니다. 눈보라를 헤치며 걸음을 내딛는데, 이미 동행하던 사람은 보이지 않았습니다. 혼자서도 뚫고 가기 힘든 눈보라 속을 다른 사람까지 업고 간다는 것은 쉬운 일이 아니었습니다. 얼마나 힘들었던지 그 추운 날씨에도 썬다싱의 몸에서는 열기가 났습니다. 열기가 등에 업힌 노인에게 옮겨져서인지 노인은 차츰 의식을 회복했지요. 두 사람은 서로의 체온으로 얼어 죽지 않고 무사히 그 산을 넘었습니다.

이윽고 산 너머 마을에 이르게 된 그들은 길에 쓰러져 얼어 죽은 사람을 발견했습니다. 썬다싱은 그 시체를 보고 깜짝 놀랐지요. 바로 앞서 간 동행자였기 때문입니다. 하나님을 믿었던 썬다싱은 항상 의를 위해 살고자 했기에 이웃에 대한 사랑과 긍휼과 자비가 임해 있었습니다. 그러기에 죽어 가는 사람을 보고 지나칠 수 없었고 자기를 희생해서라도 구하려는 행함이 따른 것입니다.

모든 일이 사람의 방법, 계산대로 이뤄지지는 않습니다. 사람의 생각으로 보면 썬다싱과 노인이 얼어 죽을 것 같았지만 희생이 살 길이 되었습니다. 이는 긍휼과 희생, 사랑과 자비의 마음이 만들어 낸 위대한 기적이라 할 수 있습니다. 사랑으로 정도를 걸으며 옳은 도리를 좇아간다면 죽을 사람도 살릴 수 있는 것입니다. 또한 그 사랑으로 상대에게 많은 것을 깨우치게 하며 바른 길로 인도할 수 있습니다.

양초가 자신을 태워 방 안을 빛으로 가득 채우고, 소금이 녹아 음식의 맛을 내는 것처럼 자신을 희생하는 삶은 많은 사람에게 유익을 주며, 고귀하고 아름답습니다. 이러한 사랑과 긍휼을 베풀 때 하나님께서도 우리를 긍휼히 여겨 주십니다(마 5:7).

"악인은 그 환난에 엎드러져도 의인은 그 죽음에도 소망이 있느니라"
(잠언 14장 32절)

진실된 사람이 받는 축복

국토가 좁은 나라에서는 내 집을 마련하는 것이 소원인 사람이 많습니다. 남의 집에서 살아 보지 않은 사람은 집 없는 설움을 알 수 없을 것입니다. 이러한 서민의 꿈을 짓밟고, 많은 이들을 괴롭게 만드는 것이 바로 부동산 투기입니다. 부동산 투기는 삶의 기본 요소 중 하나인 집이나 땅을 볼모로 하여 자기 유익을 취하는 것이니 이를 통해 얻은 물질은 불의한 소득이라 할 수 있습니다.

불의한 방법으로 물질을 쌓는 것은 바닷가에 모래성을 쌓는 것과 같습니다. 열심히 모래를 모아 아무리 멋있게 성을 쌓을지라도 파도가 밀려오면 흔적도 없이 사라집니다. 마찬가지로 사람이 열심히 무엇인가 이루어도 하나님의 뜻을 알지 못하고 그분의 뜻대로 살지 않는다면 모래성처럼 순식간에 허물어지고 맙니다. 설령 현재는 부귀 영화를 누린다 해도 죽음과 함께 모든 것이 끝나고 그 영혼은 지옥에서 세세토록 고통을 받아야 합니다.

그러나 하나님을 믿고 그 뜻대로 사는 사람은 가진 것이 많든 적든 이웃에게 나누어 주며 불의한 소득을 취하지 않습니다. 이 땅에서도 평안하고 복된 삶을 살 뿐 아니라 사후에도 영원한 천국에서 영생복락을 누립니다. 선을 좇는 진실한 행함이 어떠한 열매를 맺는지 한 가지 예화를 소개하겠습니다.

어느 여 집사님의 남편이 군 영관급이었는데 전역하였습니다. 막상 사회에 나와 보니 마땅한 일자리가 없어 퇴직금으로 생활해야 하는 불안한 나날이 계속되었습니다. 그러자 여 집사님은 남편의 앞날이 걱정되어 눈물 뿌려 기도하였습니다. 그러다가 남편의 퇴직금을 성전 건축 예물로 드려야겠다는 마음이 들어 헌금으로 드렸습니다.

그뒤 남편이 일자리를 얻어 근근이 살아가던 어느 날이었습니다. 남편이 갑자기 "몇 푼 안 되는 월급으로 언제 가난을 면하겠소. 당신은 교회에서 밤낮 기도하는데 그렇게 해서 얻은 것이 무엇이 있소?" 하며 다그치는 것이었습니다. 여 집사님은 그날 교회에 가서 "하나님, 마음에 주관받아 남편 퇴직금까지 다 드렸는데 핍박이 심합니다. 하나님의 영광 가리지 않도록 도와주세요." 하며 밤새 부르짖어 기도했다고 합니다.

다음 날, 남편은 자신이 일하는 회사 사장 집을 방문하기 위해 선물로 싱싱한 조개를 샀습니다. 방에서 사장과 대화를 하는데 부엌에서 술상을 준비하던 사람이 급히 뛰어왔습니다. 조개에서 진주가 나왔다는 것입니다. 사장은 "자네가 사온 것에서 나왔으니 자네 것이네." 하며 진주를 건네 주었습니다. 그러나 남편은 "이미 사장님께 드렸으니 제 것이 아닙니다." 하며 극구 사양하였습니다.

사장은 그 모습을 보고 '저 사람은 진실하구나.' 생각하여 직장에서 좋은 자리를 주었을 뿐 아니라 집을 한 채 사 주었습니다. 그 후 그 여 집사님은 진주 집사로 불리게 되었다고 합니다. 이처럼 하나님께서는 불의를 좇지 않는 진실한 사람을 축복하시며, 하나님 앞에 드린 것은 30배, 60배, 100배로 갚아 주십니다.

"거짓 입술은 여호와께 미움을 받아도
진실히 행하는 자는 그의 기뻐하심을 받느니라"
(잠언 12장 22절)

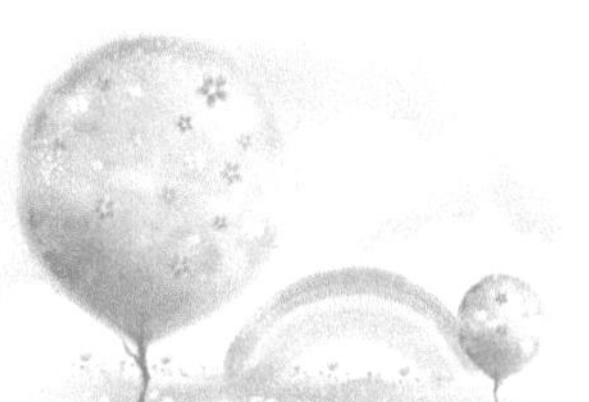

권면하는 사랑

사랑에는 연인 간의 사랑, 부부간의 사랑, 부모와 자녀 간의 사랑, 친구 간의 사랑 등 여러 종류가 있습니다. 사랑을 표현하는 방법에도 차이가 있어서 영원히 변함 없는 영적인 사랑이 있는가 하면 그렇지 못한 사랑도 있습니다. 사랑이라는 미명하에 왜곡된 모습으로 나타나는 경우도 있지요. 어떤 부모는 자녀를 사랑한다고 온갖 응석을 받아 주며 버릇없는 아이로 키우므로 범죄자를 만들기도 합니다.

진정한 사랑은 상대가 옳지 못한 길로 갈 때 방관하지 않고 돌이킬 수 있도록 권면하는 것입니다. 소유하는 것이 아니라 섬기며 존중하는 것이지요. 만일 임금이 잘못된 길로 갈 때 왕과 백성을 사랑하는 충신이라면 죽음이나 귀양 같은 것을 두려워하지 않고 옳은 길로 가도록 진언할 것입니다. 또한 부모를 사랑하는 자녀라면 부모가 사망의 길로 가는 것을 두고 보지 않겠지요.

성경을 보면 생명의 위협을 무릅쓰고 아버지를 사랑으로 권면한 사람이 있는데 바로 요나단입니다. 그는 이스라엘의 초대 왕 사울의 장남으로서, 아버지 사울이 죽으면 왕위를 계승할 위치에 있었습니다. 또한 전투에서 많은 공을 세워 백성의 사랑과 신망을 받던 용사였으며 아버지 사울 왕의 신뢰를 받는 아들이었습니다.

그런데 다윗이 적장 골리앗을 무찌르고 여러 번 나라를 구하니 백성들이 그를 사랑하고 칭송합니다. 이에 사울은 다윗을 시기하여 죽이려고 합니다. 그러나 하나님께서는 하나님 마음에 합한 다윗을 다음 왕으로 정하셨고, 요나단도 그 사실을 잘 알고 있었습니다.

요나단은 다윗을 자신의 생명같이 사랑하여 아버지 사울 왕으로부터 지켜 주었습니다. 인간적으로 보면 사울은 자신의 아버지요, 한 나라의 왕입니다. 그러니 왕의 말을 거역하고 친구 다윗을 옹호하는 것은 불효이자 불충입니다. 더구나 다윗이 왕이 된다면 요나단은 사울 왕가의 후계자로서 보장받은 것이나 다름없는 왕위를 잃게 되니 다윗을 없애는 편이 여러모로 유익하지요. 그런데도 요나단은 자기 유익을 구하지 않을 뿐 아니라 사울 왕에게 범죄하지 않도록 간청하였습니다(삼상 19:4).

이에 사울은 다윗을 죽이지 않겠다고 맹세까지 하지만 다시 변개하여 계속 죽이려 했습니다. 그때마다 범죄치 않도록 요나단이 권면하자 사울은 격노하여 단창을 던지며 요나단까지 죽이려 합니다. 하지만 요나단은 선하고 사랑이 승하였기 때문에 이런 아버지를 버리지 않고 끝까지 곁에서 섬기다가 함께 전사했습니다. 참사랑은 요나단이 그 부친 사울 왕에게 했던 것처럼 바른 길로 갈 수 있도록 권면하며, 변치 않는 마음으로 끝까지 함께하는 것입니다.

"교만에서는 다툼만 일어날 뿐이라 권면을 듣는 자는 지혜가 있느니라"
(잠언 13장 10절)

모든 허물을 덮는 사랑

가장 아름답고도 강한 힘을 가진 말을 찾는다면 '사랑'일 것입니다. 사랑은 강퍅한 마음이라도 부드럽게 녹이며, 절망 중에도 용기를 북돋아 주고 소망 가운데로 인도하는 힘이 있습니다. 참사랑은 모든 허물을 덮고 이해하고 용서하는 아름다운 마음입니다. 바로 인류를 구원하기 위해 십자가를 지신 예수 그리스도의 마음이지요. 우리가 예수 그리스도를 영접하고 하나님 말씀대로 행하여 참사랑을 소유하면 이웃에게 악을 행치 않습니다. 또 악한 사람일지라도 사랑과 긍휼의 마음으로 이해하고 용서하니 원수 맺을 일이 없고 모든 사람과 더불어 화평하게 됩니다.

어느 부부의 이야기입니다. 아내는 결혼 후 예수 그리스도를 영접하여 열심히 교회에 다녔습니다. 그러나 남편은 아내가 교회에 다니는 것을 무척 싫어하여 핍박을 합니다. 남편이 핍박할수록 아내는 남편을 더욱 사랑하였고 어떻게 하든지 하나님을 믿게 하고 싶었습니다.

한편, 남편 입장에서는 '왜 다른 것은 다 내 말대로 하면서 교회에 나가는 문제만큼은 내 말을 듣지 않을까?' 하고 고민했습니다. 그러던 차에 하루는 술에 만취하여 귀가한 남편이 아내를 때리며 자기를 택하든지 교회를 택하든지 둘 중에 하나를 선택하라고 다그쳤습니다. 그래도 원하는 대답을 듣지 못하자 남편은 아내를 온몸이 시퍼렇게 멍이 들도록 때린 후 옷을 벗기고 마당으로 내몰았습니다.

그러고는 술기운에 이내 곯아떨어져 잠이 들었지요. 그 사이 밤하늘에서는 흰 눈이 내리기 시작하였습니다. 얼마나 시간이 지났을까요? 잠에서 깬 남편이 물을 마시려고 부엌 쪽으로 나오는데 마당에서 아내의 목소리가 들립니다.

"사랑의 아버지 하나님, 부디 저의 남편을 용서해 주셔서 하나님을 알 수 있도록 해 주세요. 제가 남편을 더 섬기지 못하고 사랑하지 못한 것을 용서해 주시고 이 모든 허물을 제게 돌리시옵소서…."

아내의 목소리에는 구구절절 남편을 위해 사랑으로 기도하는 내용이 담겨 있었습니다. 오히려 자신의 부족함을 용서해 달라고 하니 강퍅한 남편도 감동하지 않을 수 없었습니다. 얼른 문을 열고 바깥으로 나왔는데 이것이 웬일입니까? 아내가 벗은 몸으로 무릎을 꿇고 기도

하는 것이 아닙니까? 게다가 밤새 내린 눈을 맞아 온몸이 새파랗게 얼어 있었습니다. 남편은 그런 아내의 모습을 보고 왈칵 눈물을 쏟으며 통곡하기 시작했습니다. 그날 이후 남편은 예수 그리스도를 영접하고 주 안에서 새로운 사람으로 거듭나 장로까지 되었다고 합니다.

"미움은 다툼을 일으켜도 사랑은 모든 허물을 가리우느니라"
(잠언 10장 12절)

최고의 선, 온전한 사랑

어느 부부 사이에 일어난 일입니다. 하루는 부부 싸움을 하다가 화가 난 남편이 아내에게 그만 떠들라고 고함을 쳤습니다. 그러자 충격을 받고 입을 다물어 버린 아내는 죽을 때까지 30년 동안이나 말을 하지 않았다고 합니다. 침묵으로써 남편에게 항의했던 것입니다. 30년 동안 서로가 얼마나 고통을 당했겠습니까.

이처럼 홧김에 내뱉은 말이 씨가 되어 불행을 자초하는 경우는 일상생활에서 쉽게 찾아볼 수 있습니다. 어떤 사람은 자신의 말 때문에 상대가 화를 내자 "에이, 농담한 걸 가지고 뭘 그러나…."라고 말합니다. 그러나 사람은 입술의 고백대로 복을 받기도 하고 저주를 받기도 하므로 상대에게 상처를 입히고 저주를 자초하는 말은 장난으로라도 해서는 안 됩니다. 알면서도 농담이라며 입에 담는 일은 더더욱 있어서는 안 될 것입니다. 참으로 상대를 사랑하고 섬기는 마음이라면 그런 농담까지도 하지 않습니다.

상대의 마음을 상하지 않게 하며 좋은 말을 하는 자체가 선입니다. 나아가 상대가 마음 아픈 말을 할지라도 내 편에서 선한 말로 감동을 준다면 더 깊은 차원의 선이라 할 수 있습니다. 일반적으로 자신에게 고통을 주는 악한 말이나 행동을 접할 때 어떤 반응을 보이느냐에 따라 그 사람의 선한 정도를 알 수 있습니다.

첫 번째로는, 상대의 말에 마음이 상하고 감정을 품는 경우입니다. 그 즉시 화를 버럭 내기도 하고 감정을 두고두고 간직하였다가 나중에 기회가 될 때 갚아 주기도 합니다. 만일 상대가 잘못을 해서 상사나 다른 사람으로부터 책망을 들을 때 속으로 고소해한다면 바로 이 유형에 해당합니다.

두 번째로는, 상대의 악한 말에도 교양으로 눌러 참는 경우입니다. 스스로 생각하기를 '나는 교양도 있고 인격을 갖춘 사람이니 맞상대하지 말고 그냥 참자.' 하는 것입니다. 이 경우는 겉으로 보기에 악을 발하지 않는다 해도 중심을 보시는 하나님 편에서는 첫 번째 유형의 사람과 큰 차이가 없습니다. 선 속에서 참은 것이 아니라 악한 마음을 표현하지 않았을 뿐이기 때문입니다.

세 번째로는, 어떤 불편한 감정도 없는 사람입니다. 악한 마음이 없고 선하기 때문에 미움이나 불편함도 없고 상대에 대한 어떤 감정도 품지 않는 것입니다. 이런 단계가 하나님께서 인정하시는 소극적인 선이라 말할 수 있습니다.

네 번째로는, 순응하는 선에서 끝나는 것이 아니라 더욱 적극적인 선을 통해 상대를 감동시키는 단계입니다. 마음에 감정이 없는 것은 물론이고 오히려 감동적인 선의 말로써 상대로 하여금 말문이 막히고 머리를 숙일 수밖에 없도록 하는 것입니다. 이런 사람을 만나면 눈빛만 보아도 사랑이 느껴지고 대화 속에 아름다운 선이 풍겨 나옵니다.

마지막으로, 원수도 사랑하며 상대를 위해 목숨까지도 버릴 수 있는 단계입니다. 이는 최고의 선, 온전한 사랑이지요. 하나님께서는 이러한 사람을 지극히 사랑하셔서 늘 동행하며 장차 영원한 천국에서는 해와 같이 빛나는 존귀한 자리에 거하게 하십니다.

"선을 간절히 구하는 자는 은총을 얻으려니와
악을 더듬어 찾는 자에게는 악이 임하리라"
(잠언 11장 27절)

지혜가 제일이니 ...

지혜를 얻으며 명철을 얻으라
내 입의 말을 잊지 말며 어기지 말라
지혜를 버리지 말라 그가 너를 보호하리라
그를 사랑하라 그가 너를 지키리라
지혜가 제일이니 지혜를 얻으라
무릇 너의 얻은 것을 가져 명철을 얻을지니라
그를 높이라 그리하면 그가 너를 높이 들리라
만일 그를 품으면 그가 너를 영화롭게 하리라
그가 아름다운 관을 네 머리에 두겠고
영화로운 면류관을 네게 주리라 하였느니라
내 아들아 들으라 내 말을 받으라
그리하면 네 생명의 해가 길리라
내가 지혜로운 길로 네게 가르쳤으며
정직한 첩경으로 너를 인도하였은즉
다닐 때에 네 걸음이 곤란하지 아니하겠고
달려갈 때에 실족하지 아니하리라

잠언 4장 5~12절

대저 지혜는 진주보다 나으므로
무릇 원하는 것을 이에 비교할 수 없음이니라
나 지혜는 명철로 주소를 삼으며 지식과 근신을 찾아 얻나니
여호와를 경외하는 것은 악을 미워하는 것이라
나는 교만과 거만과 악한 행실과 패역한 입을 미워하느니라
내게는 도략과 참 지식이 있으며 나는 명철이라
내게 능력이 있으므로 나로 말미암아 왕들이 치리하며
방백들이 공의를 세우며 나로 말미암아 재상과 존귀한 자
곧 세상의 모든 재판관들이 다스리느니라
나를 사랑하는 자들이 나의 사랑을 입으며
나를 간절히 찾는 자가 나를 만날 것이니라
부귀가 내게 있고 징구한 재물과 의도 그러하니라
내 열매는 금이나 정금보다 나으며
내 소득은 천은보다 나으니라

잠언 8장 11~19절

Fountain of Wisdom _ a series of column on the Proverbs

지혜의 샘

초판 1쇄 발행 1999년 10월 10일
2판 1쇄 발행 2010년 12월 21일

지은이 이재록
발행인 빈성남
편집인 빈금선

발행처 우림북
편집부 02-851-3845, 070-8240-5611
팩 스 02-851-3854
영업부 02-837-7632, 070-8240-2072
팩 스 02-869-1537

등록번호 제 1-904호

값 10,000원

ISBN 978-89-7557-401-6 (03230)

www.ingramcontent.com/pod-product-compliance
Ingram Content Group UK Ltd.
Pitfield, Milton Keynes, MK11 3LW, UK
UKHW041845200726
13854UKWH00005BA/2178

9 788975 574016